KATHRIN SPOERR

DAS LEBEN MIT MIR IST DIE HÖLLE FÜR MICH

Spektakuläre Einblicke in die Psyche einer Frau

WILHELM HEYNE VERLAG
MÜNCHEN

Verlagsgruppe Random House FSC® N001967
Das für dieses Buch verwendete FSC®-zertifizierte Papier
Super Snowbright liefert Hellefoss AS, Hokksund, Norwegen.

2. Auflage
Originalausgabe 11/2013

Für Klara, Wilma und Rainer

INHALT

VORWORT DES HAUSHERRN

Ein ganzes Buch plus eine Seite

Brüste, Sex, Streit, Urlaub, Hass, Schönheit, Altwerden, Mütter, Kinder, Schlafen, Marmelade ... Aus Frauensicht sind das keine Wörter, sondern Krisengebiete. Meine Freundin hat sie mit vielen Worten erklärt, ein ganzes Buch voll. Ich bewundere sie für ihren Fleiß. Für die Männersicht ist nur wenig Platz erforderlich – eine knappe Seite. Eilige können das Buch nach meinem Vorwort weglegen.

Brüste: Haben Frauen. Sehen gut aus, fassen sich noch besser an. Je mehr, desto besser.

Schlaflosigkeit: Ich schlafe immer dann, wenn ich nicht wach bin. Schlaflos bin ich, nachdem mich der Wecker geweckt hat.

Streiten: Streit ist ein Zustand, der mich alle vier Wochen aus meiner häuslichen Ruhe reißt wie eine Naturgewalt. Er ist schnell vorbei. Da muss ich durch.

Urlaub: Urlaub ist ein Zustand, der mich mehrmals im Jahr aus meiner häuslichen Ruhe reißt. Er dauert länger als ein Streit. Auch da muss ich durch.

Mutter: Meine heißt Marianne. Sie bediente mich als Kind. Sie streitet alle vier Wochen mit meiner Schwester.

Altern: Steht Frauen nicht gut.

Kinder: Ich weiß, wo sie herkommen. Ich finde es gut, dass sie da sind. Sie brauchen immerzu irgendetwas. Was sie brauchen, weiß ich nicht. Ich muss es auch nicht wissen, denn ihre Mutter weiß es.

Sex: Es ist so was Ähnliches wie Essen und Schlafen, nur schwerer zu beschaffen.

Hass: Was ist das?

Frauen: Meine heißt Kathrin.

Marmelade: Schmeckt. Wenn sie mal nicht schmeckt, kippe ich sie weg. Mehr kann ich dazu nicht sagen.

DIE WAHRHEIT ÜBER DAS STREITEN

Warum Frauen sich mit ihren Männern
in die Haare kriegen

Letzte Woche sah ich im Spülbecken einen Marmeladenklumpen. Es war diese schwedische Marmelade, die wir
vor zwei Jahren aus dem Urlaub mit dem Wohnmobil mitgebracht hatten, das war das Ergebnis meiner Blitzdiagnose.
Sie besteht aus einer Frucht, die es nur in Schweden gibt, und
die heißt Moltebeere. Bei der Moltebeere handelt es sich um
eine wahrscheinlich ungiftige kleine gelbe Beere mit einem
großen schwarzen Kern. Die Marmelade jedenfalls ist voller
schwarzer Kerne, umgeben von gelbem Schleim. Es ist ganz
leicht, ihren Geschmack zu beschreiben: süß. Nach mehr
schmeckt es nicht, das Moltebeerensylt.

»Sylt« heißt Marmelade auf Schwedisch. Keiner in unserer Familie mag Moltebeerensylt. Ich mag es auch nicht, aber
ich hatte mich vor drei Wochen durchgerungen, das Glas zu
öffnen und diszipliniert wegzuessen. Es hatte schon seit zwei
Jahren im Schrank herumgestanden und Platz verbraucht.
Auch andere Urlaubsmitbringsel verbrauchen dort Platz. Der
Edelkastanienhonig aus Apulien (seit vier Jahren), das Ingwer-
chutney aus Sri Lanka (fünf Jahre), die Süßebohnenpaste aus
China (drei Jahre), die Marshmellowcreme aus Amerika (sehr
viele Jahre) und und und. Sie stehen in unserem Schrank und

verbrauchen Platz, weil ich es nicht lassen kann, im Ausland ausländische Lebensmittel zu probieren und Jahr für Jahr den Fehler mache, ausländische Lebensmittel mit nach Deutschland zu bringen. Eigentlich müsste ich gelernt haben, dass ausländische Lebensmittel mir nur im Ausland schmecken und mich im Inland sofort zu ekeln anfangen.

Von allen ekligen Urlaubsmitbringseln ekelte mich das Moltebeerensylt am wenigsten. Darum war es zuerst dran. Es musste diszipliniert und genusslos weggegessen werden. In ein paar Tagen würde ich es geschafft haben. Ich freute mich darauf, hatte aber auch Angst davor. Denn nach den Moltebeeren stand mir etwas deutlich Ekligeres bevor, der apulische Edelkastanienhonig. Von dem ging ein penetrantes Pipi-Aroma aus, das mir in Apulien gar nicht aufgefallen war. In Apulien hatte ich das Aroma würzig, waldig, explosiv gefunden. Aber als ich das Glas zu Hause wieder öffnete, verschlug es mir sofort den Appetit. Immerhin verschwand das Pipi-Aroma, sobald man den ersten Happen im Mund hatte – soweit ging mein Selbstversuch nach der Rückkehr aus Apulien noch. Danach ließ ich den Honig erst mal im Schrank verschwinden. Der Gedanke an seine Vernichtung musste noch ein paar Jahre reifen.

Als ich an jenem Morgen den Klumpen im Spülbecken entdeckte, empfand ich zuerst nur Verwunderung. Ein Teil des Klumpens lag in der Tiefe des Spülbeckens, ungefähr genau in der Mitte. Ein weiterer Teil lag auf dem Beckenrand. Eine Sekunde lang wusste ich nicht, was das war. Ich beugte mich herunter und betrachtete den Klumpen. Der Teil, der auf dem Rand des Spülbeckens lag, eignete sich hervorragend für eine gründliche Untersuchung. Er war gelb und kernig. Er war, wie ich nun sah, mit Resten von Butter durchsetzt. Und jetzt erkannte ich den Klumpen als Teil der Masse, die seit einiger Zeit mein (und nur mein) Frühstücksbrötchen süßte.

Nun konnte der Klumpen aber schlecht von meinem Frühstücksbrötchen kommen, denn ich war ja gerade damit beschäftigt, das Frühstück vorzubereiten, hatte also noch nichts gegessen. Und außerdem: Ich esse das Moltebeerensylt. Ich esse es, obwohl es mir nicht schmeckt. Obwohl es mir nicht schmeckt, schmeiße ich es ganz sicher nicht klumpenweise in den Ausguss, um meinen Leidensweg abzukürzen und stattdessen Kirschgelee oder Erdbeermarmelade oder Pflaumenmus aus der Produktion meiner Mutter oder auch Nutella oder Grafschafter Goldsaft aufs Brot zu tun wie die anderen Mitglieder meiner Familie. So leicht mache *ich* es mir nicht, das ist mir als sturer und sparsamer Mecklenburgerin nicht gegeben. Und erst recht kippe ich niemals einen Klumpen Marmelade, der mit Butter, also mit wasserunlöslichem Fett, vermischt ist, in den Ausguss. Und außerdem lasse ich keine Marmeladenklumpen mit oder ohne Butter im Ausguss liegen. Für wen auch? Es gibt in meinem Haus keine Heinzelmännchen, das weiß ich sicher. Etwas für sie liegen zu lassen ist zwecklos. Man muss nicht aus Mecklenburg stammen, um das zu kapieren. Es gibt nur eine Person, für die man in meinem Haus etwas herumliegen lassen kann, und das bin ich. Und bevor ich etwas für mich herumliegen lasse, räume ich es lieber sofort weg.

»Wo mag wohl dieser Klumpen herkommen?«, fragte ich mich an jenem Morgen. Ich war innerlich ganz ruhig, einfach nur ein bisschen neugierig. Auf die erste Frage, die ich mir stellte, folgte sofort die zweite: »Wer mag wohl diesen Klumpen hier hingeklatscht haben?« Ich wollte das gern wissen. Ich wollte nicht beschuldigen und nicht beherrschen. Ich wollte nicht spionieren und erst recht nicht streiten. Ich wollte es einfach nur wissen. Denn nur was man weiß, kann man ändern. Nur wenn man weiß, kann man verzeihen. Und darum unterdrückte ich minutenlang den Impuls, den Klumpen wegzuputzen. Ich ließ ihn liegen, damit das Gespräch, das ich nun führen musste, auch noch einen realen Gegenstand hatte. Das Corpus Delicti. Den Marmeladenklumpen.

Nun mag es Frauen geben, die in dieser Situation einfach den Wasserhahn aufdrehen und verdächtige Klumpen ins Berliner Abwasser spülen. Es mag Frauen geben, die darauf verzichten, sich Fragen zu stellen, die ich mir an diesem Morgen stellte. Das behauptete jedenfalls später mein Freund. Ungefähr so soll ich seiner Meinung nach auf Marmeladenklumpen im Spülbecken reagieren: »Oh, da liegt ein kleiner Marmeladenklumpen. Oh, wie freue ich mich, dass einer meiner Lieben diesen Klumpen hinterlassen, aber leider vergessen hat, ihn auch zu beseitigen. Mir ist es jetzt ganz egal, wer wann und warum diesen Klumpen ins Spülbecken geklatscht hat – mein lieber Freund oder eines meiner beiden lieben Kinder –, ich drehe jetzt einfach den Wasserhahn auf und spüle den Klumpen mit viel Liebe weg. Gott sei Dank ist Marmelade ja wasserlöslich.« Die wasserunlösliche Butter hätte ich nach seiner Logik gar nicht entdeckt, weil Frauen, die mit »liebendem Blick« sehen, blind für Details sind.

So reagierte ich aber nicht. So kann ich nicht reagieren. Und sogar beim Beschreiben dieser Begebenheit finde ich es ganz unpassend und unmöglich, so zu reagieren. Ich kann nur so reagieren, wie ich an jenem Morgen reagiert habe. Ich finde, dass Frauen, die so reagieren, wie mein Freund es sich wünscht, vielleicht einen »liebenden Blick«, außerdem aber auch einen Vogel haben. Ich finde zwar andererseits, dass die meisten Frauen, mich eingeschlossen, einen Vogel haben, aber so blöd, wie mein Freund es sich wünscht, sind wir nun auch wieder nicht. Ich weiß noch, dass ich eine Weile darüber nachdachte, wie ich das Gespräch mit meinem Freund am diplomatischsten und freundlichsten beginnen könnte.

Mein Freund war noch in der Dusche, als ich den Schleimklumpen im Spülbecken fand. Ich hörte das Wasser rauschen. Mein Freund war in der Dusche ebenfalls mit Schleim beschäftigt. Mit dem Schleim, den er, wie er immer sagt, nur beim Duschen rauskriegt. Aus Hals, Nase, womöglich auch Ohren, aber das kann ich gottlob nicht hören. Ich versuchte, die Duschgeräusche zu ignorieren, sie waren nicht das Thema. Jedenfalls heute nicht.

Ich weiß noch, dass ich einen besonders leichten und versöhnlichen Ton anschlug, als mein Freund zum Frühstück erschien. Ich weiß auch noch, wie meine erste Frage lautete: »Was das hier wohl ist?«, lautete sie. Die Frage war natürlich ein bisschen gelogen, denn ich wusste ja, was es war. Ich wollte meinen Freund aber ermuntern, zum Spülbecken zu kommen, um gemeinsam mit mir nachzusehen, was das wohl war – und dann ein schnelles Geständnis abzulegen. Ich hätte es gar nicht schlimm gefunden, wenn er gesagt hätte: »Aaach, das ist ein Rest von dieser widerlichen schwedischen Marmelade, die du neuerdings isst und die ich gestern Abend probieren wollte, als ich vor dem Fernseher döste und du noch mit deiner Wäsche beschäftigt warst.« Ich hätte dann gar nicht mehr viel sagen müssen. Er hätte ganz von selbst verstanden: dass er zu viel fernsieht, dass er zu viel isst, dass er zu unordentlich ist, dass er zu wenig im Haus tut.

Hätte er genau so reagiert, dann wären die Dinge schnell geklärt gewesen, darum kam mir diese Einstiegsfrage zur Klärung aller meiner Fragen so vernünftig, geradezu elegant vor. Florettkampf sozusagen.

Doch mein Freund kam nicht zu mir ans Spülbecken, um nachzusehen, was das wohl war. Er nuschelte: »Keine Ahnung«, und setzte sich an den Frühstückstisch. Eindimensional. Hungrig. Mann.

»Typisch«, dachte ich. Er weicht aus, will sich nicht stellen, heuchelt nicht mal Interesse, denkt nur an sich und seine Bedürfnisse. Im Moment hieß sein Bedürfnis Frühstück. Ich wollte aber unbedingt, dass er sich jetzt mit meinem Bedürfnis beschäftigte, und mein Bedürfnis hieß Aufklärung.

Also sagte ich: »Ich weiß, was es ist: Es ist eine schleimige Masse.« Er guckte mich an und kam mir plötzlich recht wach vor. »Möchtest du mir gerade unterstellen, ich hätte ins Spülbecken gespuckt?«, fragte er – unverschämt und ahnungslos zugleich. Die Schuldfrage, die ich innerlich schon geklärt hatte, für die nur noch ein mea culpa nötig war, um ad acta gelegt zu werden, kam mir einen Moment lang wieder offen vor. War er es am Ende gar nicht? Waren es vielleicht die Kinder? Sollten die das erste Mal in ihrem Leben versucht haben, sich selbst ein Marmeladenbrot zu machen? Sollten sie versucht haben, es im Ausguss verschwinden zu lassen? Meine mütterliche Intuition hatte schnell entschieden: unwahrscheinlich.

Ich sagte also: »Nein, ich unterstelle dir nicht, ins Spülbecken gespuckt zu haben. Den Schleim bist du ja bereits in der Dusche losgeworden. Bei diesem Schleim hier handelt es sich um Marmeladenschleim.«

»Wenn du das so genau weißt, wieso fragst du mich dann, was das ist?«, fragte er. Das klang jetzt so leicht dahingesagt, entbehrte auch nicht einer gewissen Logik, wertfrei betrachtet. Ich war aber über den Punkt schon hinweg, von dem aus ich wertfrei betrachten kann. Und darum war mir auch sonnenklar, dass dies keine logische Rückfrage meines Freundes sein sollte, sondern der Anfang einer großen rhetorischen Volte. Sie sollte etwas einleiten, nämlich den Rückschlag. Am Ende dieses Rückschlags sollte ich als die Schuldige dastehen. Er wollte mich in der Ecke der Querulantin. In der Ecke der zwanghaften Querulantin. Diese Ecke ist in seiner Welt für mich reserviert. Ich sollte den reservierten Platz jetzt nur noch einnehmen. Das bedeutete die Frage.

Es gelang mir ein letztes Mal, ruhig zu kontern. »Hör mal zu«, sagte ich, »hier liegt ein Stück Schleim an einer Stelle, wo er nicht hingehört. Das gefällt mir nicht, und das möchte ich gern klären dürfen«, sagte ich, und meine Stimme zitterte ein wenig, denn die Ruhe, die ich zuvor noch empfunden hatte, diese ruhige Neugierde, die nicht streiten, sondern nur klären will, sie war plötzlich weg.

Noch immer hielt er es nicht für nötig, den Klumpen Moltebeerensylt wenigstens mal anzusehen. Wenn er gewollt hätte, dann hätte er es in diesem Moment noch ohne Gesichtsverlust gekonnt. Und es wäre noch immer nicht zu spät gewesen, um die Sünde der letzten Nacht zu gestehen. Ich bin ja kein Unmensch. Ich wäre froh gewesen, das Frühstück friedlich beginnen zu können. Aber mein Freund wollte nicht.

Stattdessen sah er mich an und sagte: »Nicht schon wieder!« Und dabei stöhnte er theatralisch. Damit hatte er mir eine Steilvorlage geliefert. Endlich durfte auch ich mich aufregen: »Schon wieder?«, fragte ich, und meine Stimme klang scharf und hoch. »Was meinst du damit? Schon wieder was denn? Meinst du, schon wieder verwechselt mich jemand in diesem Haus mit einer Putzfrau?«, giftete ich.

»Nein«, sagte er leichthin. »Ich meinte, schon wieder rastest du wegen einer Lappalie aus.«

Jetzt, in diesem Moment verwandelte ich mich. Weg war die Ruhe. Ich sah rot. Ich wurde zur Furie, mein Freund wurde zum Monster. Ich erkannte sein Wesen: Er findet, dass alles, was mir wichtig ist, Lappalien sind. Ihm ist alles egal! Was ich empfinde, was mich stört, was mich ekelt, das sind für ihn Lappalien! Hauptsache, er hat seine Ruhe. Hauptsache, er kann weiter ungestört Schleim in der Wohnung verteilen. Mein Freund ist ein krümelndes, schleimendes Monster. Ich wusste es plötzlich.

»Das sind keine Lappalien. Das ist ekelhaft. Und übrigens: Ich bin nicht diejenige, die agiert. Der, der die Marmelade erst verkleckert und nicht weggeputzt hat, ist der Akteur. Ich re-agiere nur.« Akteur ist bei uns ein anderes Wort für Schuld. Wer agiert hat, der hat angefangen. Wer anfängt, hat Schuld. Logisch.

Ich fand, dass ich meine Wut gut kanalisiert hatte. Eigentlich hätte ich ihm die Augen auskratzen sollen. Hatte ich aber nicht getan. Ich hatte es trotz furienhafter Wut geschafft, eine lupenreine Argumentation hinzulegen.

Ich fand, dass ich meinen Freund k. o. gekriegt hatte. Hätte es einen Schiedsrichter in dieser häuslichen Auseinandersetzung gegeben, dann stünde der Sieger in diesem Moment fest. Doch leider gab es keinen Schiedsrichter. Die einzigen Zuhörer waren die Kinder, und die taugen nicht zum Schiedsrichter, denn sie merkten mal wieder gar nicht, dass wir am Streiten waren.

Ich muss an dieser Stelle erwähnen, dass wir dieses Gespräch an jenem Morgen nicht zum ersten Mal führten, es ging nur das erste Mal um schwedische Marmelade. Die gleiche Unterhaltung hatten wir schon sehr oft. Es ging immer um

18

Sachen, die irgendwo drauflagen, wo sie nicht hingehören. Mein Freund ist gut im Drauflegen. Es ging schon um Zahnpasta am Wasserhahn, um Butter am Spiegel und um Socken auf dem Kopierer, um Koffer auf dem Bett, um Schweiß auf der Saunabank. Ich bin ein altmodischer Mensch. Ich finde es nicht egal, wo Sachen hin-, drauf-, reingelegt werden. Beim Drauflegen neige ich zur Intoleranz.

Auch im Drüberhängen ist mein Freund gut. Und ich bin gut im Mich-über-Drübergehängtes-Aufregen. Mein Freund hängt Zeitungen über Stuhllehnen, er hängt Ladekabel über Türdrücker, Krawatten übers Treppengeländer und Gürtel über Kleiderstangen. Die Fächer, die ich dafür eingerichtet habe, ignoriert er. Er sagt, er kann sich nicht daran gewöhnen, einen Gürtel zusammenzurollen und in ein kleines Gürtelregalfach zu stecken. Er kommt auch mit den Krawattenbügeln nicht klar. Bei den Ladekabeln sei es so, dass er es nicht fertigbringe, sie einfach wegzuschmeißen, sagt er. Dass es die Geräte dazu nicht mehr gibt, kann er nicht glauben. Er ist fest davon überzeugt, dass es die Geräte noch gibt, dass sie nur in Vergessenheit geraten sind. Er glaubt, dass die Geräte in dem Moment wieder auftauchen, wenn die Ladekabel gerade weggeschmissen worden sind.

Damit hat er nicht ganz unrecht. Jedenfalls war es bei dem Raclettegrill so, den wir neulich mal wieder anschmeißen wollten und Freunde dazu eingeladen hatten. Wir hatten schon den Tisch gedeckt, als wir merkten, dass das Kabel fehlte. Wir suchten eine Stunde lang. Dann entschieden wir uns, den Raclettekäse in der Mikrowelle zu schmelzen, was mir vor unseren Freunden ein bisschen peinlich war.

Am späten Abend, als alle gegangen waren, warf mein Freund mir dann vor, das Kabel weggeworfen zu haben, womit er recht hatte. »Ich hätte das Kabel nicht weggeworfen, wenn es nicht über dem Türdrücker vom Schlafzimmer gehangen hätte und du mir hättest sagen können, wozu es gehört«, sagte ich damals. Mein Freund nannte mich daraufhin besserwisserisch, zwanghaft und querulatorisch.

Am Morgen nach der Racletteeinladung setzte sich mein Freund aufs Fahrrad und fuhr zu Obi. Bei Obi gibt es Kabel für die irrsinnigsten Geräte, und zwar zu irrsinnigen Preisen. Das Kabel war ungefähr so teuer wie ein neuer Grill, aber es war für meinen Freund eine Frage des Prinzips, das Kabel zu nehmen, nicht den neuen Grill.

Zurück zum Moltebeerensyltmorgen. Unsere Schallplatte lief noch. Allerdings fehlte noch die letzte Frage. Die letzte Frage, gestellt von meinem Freund. Die Frage, die, wenn wir verheiratet wären, den Gedanken an Scheidung in mir aufkommen lassen würde. Jetzt stellte mein Freund die letzte Frage: »Du hast wohl deine Tage gekriegt? Oder ist es noch PMS?«

Jetzt hätte ich ihm eigentlich zum zweiten Mal an diesem Morgen die Augen auskratzen müssen. Ich tat es aber nicht. Ich dachte an Scheidung, obwohl wir nicht verheiratet sind. Ich spürte ein heftiges Gefühl. Das Gefühl hieß Hass.

Ich muss jetzt etwas erklären. Mein Freund ist kein Schwein. Er ist eigentlich sogar ein toller Mensch. Ich lebe gern mit ihm zusammen. Meistens. Ich finde es nicht selbstverständlich, dass ich gern mit ihm zusammen bin. Ich kenne nur wenige Paare, die gern zusammen sind. Die meisten Paare sind zusammen, weil sie nicht auseinanderkönnen. Die Kinder, der Kredit fürs Eigenheim, die Kosten einer Scheidung. So was hält zusammen. Mein Freund und ich haben nichts dergleichen. Wir müssen nicht zusammen sein. Wir sind freiwillig zusammen. Wer gehen möchte, der kann es tun. Bisher hat es noch keiner getan. Allerdings hat mein Freund schon öfter angekündigt, dass er gehen wird. Meist hatte ich ihm kurz vorher nachgewiesen, dass er mal wieder Akteur war. Dann sagt er: »Wir müssen noch mal über alles nachdenken.« Was so viel heißt wie: »Ich ziehe aus.« Aber er hat es noch nie auch nur bis zum Kofferholen gebracht. Wir mögen uns und leben gern zusammen. Ehrlich.

Es gibt aber auch Momente, in denen ich meinen Freund hasse. Wenn er das mit meinen Tagen sagt, hasse ich ihn. Der Hass fühlt sich so an: Ich verliere meine Sehkraft. Alles wird weiß oder rot vor meinen Augen. Sobald ich wieder sehen kann, wird mir heiß. Meine glühend heißen Fingerspitzen empfinden dann Lust auf einen scharfen, langen, spitzen Gegenstand, mit dem ich meinem Freund die Kehle aufschlitzen möchte. Eine Hundertstelsekunde lang. Natürlich tue ich nichts dergleichen. Ich habe eine andere Waffe: schweigen.

Das Schweigen hilft mir, mich wieder einzukriegen. Wenn man beim Streiten nicht aufhören kann zu reden, wenn ein Wort das andere gibt, dann wird der Streit immer schlimmer. Viel schlauer ist es, einfach nicht weiter zu streiten, also zu schweigen. Das habe ich gelernt, als ich 19 war. Ich lebte damals mit meinem ersten Freund in einer Berliner Altbauwohnung. Klo halbe Treppe. Wir stritten uns täglich. Einmal musste ich während eines Streits ganz dringend aufs Klo. Also ging ich ins Treppenhaus, eine halbe Treppe runter. Ich ließ alle Türen offen, damit ich vom Klo aus weiterstreiten konnte. Doch ich konnte meinen damaligen Freund nicht verstehen. Und als ich hochrief, er solle lauter schreien, verstand er mich nicht. Ich hörte ihn schreien, verstand aber nichts. Seine Worte kamen mir fremd vor. Sie plätscherten und plätscherten. Es hätte sich ebenso gut um Worte der Liebe handeln können. Plötzlich, auf dem Klo halbe Treppe, merkte ich, wie sich eine große Ruhe in mir ausbreitete. Und dann hatte ich diese Erkenntnis, die mir heute noch hilft. Man kann jeden Streit sofort beenden, indem man einfach aufhört. In welcher Form man aufhört, ist egal. Man kann aufs Klo gehen, sich die Ohren zuhalten. Geübte Menschen wie ich können aber auch einfach schweigen. Ich schweige also und stelle mir vor, dass ich auf dem Klo halbe Treppe bin, wo sich vor mehr als 20 Jahren die Worte meines Freundes in Plätschern verwandelt hatten. Es dauert dann nach meiner jahrelangen Erfahrung nur noch wenige Momente, und der Hass und die Wut sind weg. Und mit ihnen ist auch der Streit weg.

Auch in der Moltebeerensyltauseinandersetzung half der Trick. Mein Freund merkte es nicht gleich und bekam so Gelegenheit, noch den Schluss der Schallplatte abzuspielen, die Empfehlung, ich sei mal wieder reif für eine Stunde Psychotherapie. Dann merkte er, dass ich nicht mehr antwortete. Seine letzten Worte gingen in die Richtung, dass wir »noch einmal über alles nachdenken müssen.« Dann kamen die Kinder zum Frühstück, und wir nahmen zusammen eine einsilbige Mahlzeit ein, in der die Kinder keinem Erwachsenen ins Wort fielen. Dann gingen wir arbeiten.

Als mein Freund und ich uns am Abend wiedersahen, stellten wir uns jeder eine Frage. »Na, packst du jetzt?«, fragte ich ihn. »Na, warst du bei deiner Therapeutin?«, fragte er zurück, und wir lachten schüchtern, fast wie frisch verliebt. Damit wäre die Geschichte eigentlich zu Ende, wenn nicht die offene Schuldfrage noch im Raum stünde, denn mein Freund hat die Tat nie gestanden.

Drei Tage nach dem Drama träumte ich. Ich sah im Traum meinen Freund beim Einmachen von Tausenden Gläsern Moltebeerensylt. Ich fürchte, dass diese eine Frage immer zwischen uns stehen wird: Wer hat die Marmelade in den Ausguss geklatscht? Ich werde sie mit meiner Therapeutin besprechen müssen.

DIE WAHRHEIT ÜBER DAS VERSÖHNEN

Warum Frauen gar nicht morden möchten

Wenn mich jemand bitten würde, meinen Charakter mit einem einzigen Wort zu beschreiben, dann würde ich mich mit »harmoniebedürftig« beschreiben. Ich finde es herrlich, wenn sich alle liebhaben, die ich liebhabe. Mit denen würde ich gern alles teilen, das Leid, die Freude, die Zigarette danach und die Tropifrutti-Tüte.

Darum dauerte es nur ungefähr einen Tag, bis ich meinem Freund die Sache mit dem Moltebeerensylt verziehen hatte. Besser gesagt: Es dauerte einen Tag, bis ich es ihm zeigen konnte, dass ich ihm verziehen hatte. Eigentlich war ich schon nach weniger als einer halben Stunde innerlich auf Versöhnungskurs, konnte ihm das aber nicht mitteilen, denn es war ja ein ganz normaler Arbeitstag, und wir mussten beide ins Büro. Es war einfach keine Zeit übrig zum Schwenken der Friedensfahne.

Aber Lust, sie zu schwenken, war da. Obwohl wir ziemlich harte Geschosse aufeinander losgelassen hatten, wollte ich nach überraschend kurzer Zeit das Kriegsbeil wieder begraben.

Ich kann mich noch genau erinnern, wann ich innerlich so weit war: Ich fuhr gerade mit dem Auto an diesem immer geschlossenen Recyclinghof am Bahnhof Südkreuz vorbei, befand mich also ungefähr auf halber Strecke zum Büro.

Wie war es eigentlich gekommen, dass die heilige Harmonie im Hause gestört worden war? Das frage ich mich immer dann, wenn ich nach einem Streit wieder zur Ruhe gekommen bin. Genug Ruhe habe ich eben immer am gleichen Ort: im Auto, auf der Fahrt ins Büro, nachdem ich die Kinder zur Schule gebracht habe.

Sobald die Kinder ausgestiegen sind, tritt im Cockpit Ruhe ein, und das ist hilfreich fürs Nachdenken. Die Autotür klappt zu, wir winken noch ein paarmal, und zwar so heftig, als gäbe es kein Wiedersehen. Und wenn das erledigt ist, dann atme ich tief durch, denn dann habe ich eine halbe Stunde lang Zeit zum Nachdenken. So lange dauert die Fahrt ins Büro. Wenn man so wenig Zeit zum Alleinsein und Nachdenken hat wie eine berufstätige Mutter, dann geht das Nachdenken meist recht schnell. So war es auch an jenem Morgen vor einer Woche, dem Moltebeerensyltmorgen.

Zuerst hörte ich mir unseren Streit noch mal an. In meinem Kopf habe ich eine Art Wiederholungstaste mit Vorspul- und Rückspulfunktion, und wenn ich die drücke, höre ich Passage für Passage, was wir uns beim Streiten an den Kopf geknallt haben. Ich habe außerdem in meinem Kopf eine Perspektivenwechseltaste. Damit kann ich mir anhören, was ich gesagt habe. Und zwar wahlweise mit meinen Ohren und mit den Ohren meines Freundes.

Wenn ich die Perspektive wechsle, also das Ganze mit den Ohren meines Freundes höre, passiert es fast immer, dass mein Ärger gedämpft wird. Manchmal verpufft er geradezu. Und ab und zu passiert es, dass ich noch ein schlechtes Gewissen obendrein kriege.

So wie neulich. Es passierte beim Wäschewaschen, und es war die dunkle Wäsche. Ich hatte meine Nahsehbrille nicht

25

dabei. Die habe ich nie dabei. Blöderweise sehe ich nicht sehr gut, wenn ich sie nicht trage. Dann passieren mir Fehler, und alles dauert etwas länger. Diese Brille ist neu, und ich mag sie nicht.

Ich habe die dunkle Wäsche auch ohne Brille geschafft. Wenn ich es schaffe, etwas ohne Brille zu schaffen, fühlt es sich jung und dynamisch an, obwohl es länger dauert. Mit Brille ginge natürlich alles schneller und besser. Aber es fühlt sich mies an. Es fühlt sich alt an und schachtelig und hässlich.

Meine Freundin Andrea, die ihr Leben lang eine Brille tragen musste, kann diese Gefühle nicht verstehen. Sie hat es gut. Als auf ihre jugendliche Kurzsichtigkeit die schachtelige Altersweitsichtigkeit obendrauf kam, trug sie ihre alte Brille einfach weiter. Niemand merkte es, dass in der Akademiker-brille plötzlich Gleitsichtgläser drin waren. Und der Wäsche kam es zugute.

Ich hatte nie eine Brille. Früher hatte ich keine Brille, weil ich keine Brille brauchte. Doch seit vier oder fünf Jahren brauche ich eine Brille, und seit ungefähr einem Jahr brauche ich dringend eine Brille. Und vor einem Vierteljahr war es dann so weit, und ich kaufte mir eine Brille. Nicht etwa beim Optiker, nein, so schlimm ist es noch nicht. Ich kaufte sie in einem Buchladen auf dem Flughafen Tegel. Weil ich niemanden in der Nähe entdeckte, den ich kannte, und weil ich das Buch, das ich für die Reise gekauft hatte, wirklich gern lesen wollte. Es war eine Wegwerfbrille, und das war gut so. Denn ich habe die Absicht, die Brille wieder wegzuwerfen, sobald meine Augen wieder gesund geworden sind. Die Wegwerfbrille war und ist mir zu groß. Das stört mich beim Lesen nicht, denn ich lese meist im Liegen, und da rutscht die Brille nicht von der Nase, sondern immer weiter drauf.

Beim Wäschewaschen ist das anders. Da muss man sich bücken, um die Wäsche zu sortieren. Man muss sich bücken, um die sortierten Stücke aufzuheben, um sie in die Waschmaschinentrommel zu stecken. Und dabei fällt eine Brille, die dem Träger deutlich zu groß ist, gern mal runter. Aus diesen beiden Gründen trug ich neulich bei der dunklen Wäsche die Brille nicht. Ich mag die Brille nicht, wenn sie runterrutscht. Ich mag sie aber auch nicht, wenn sie auf der Nase bleibt.

Und dann ging es eben schief. Ich griff ohne Brille die schwarzen Teile, darunter auch eine schwarze Strickjacke von mir. Ich steckte sie vorsorglich in einen Waschbeutel, ehe sie in der Maschine verschwand. Es handelte sich zwar nur um eine Synthetikstrickjacke von H&M, und ich hab sie als Sonderangebot gekauft, für 19,99 Euro. Aber Ordnung muss sein, sage ich immer. Vor allem in Waschfragen neige ich zur Übergenauigkeit.

Als ich nach anderthalb Stunden (nun mit Brille) die Wäsche auf die Leine hängte, merkte ich, dass ich nicht übergenau genug gewesen war. Denn aus dem Waschbeutel kam nicht die gewaschene H&M-Synthetikstrickjacke, sondern ein verfilztes Etwas, bei dem es sich, wie gerade noch erkennbar war, vor der Wäsche um den Lieblingspullover meines Freundes gehandelt hat.

»Uuuups«, dachte ich. Denn dieser Pullover war nicht von H&M. Er hat nicht 19,99 Euro gekostet. Jetzt passte er meinem Freund nicht mehr. Er passte nicht mal mehr mir.

Ich fühlte mich schlecht. Denn aus genau diesem Grund, weil die Gefahr so groß ist, dass beim Waschen die Wäsche zu klein wird, darf bei uns zu Hause nur einer waschen. Die Waschgroßmeisterin, die Herrin von Maschinen- und Handwäsche, die Gebieterin über Wollwasch- und Vollwaschgang, die Königin der Fleckenwässer und Weichspüler, die Mutter aller Wäscherinnen: ich.

Die Brille war schuld. Und ich als ihre Besitzerin. Eltern haften ja auch für ihre Kinder, also konnte ich der Brille wohl kaum die alleinige Schuld in die Schuhe schieben. Und ich wäre ohne Probleme bei meinem Freund zu Kreuze gekrochen. Ich hätte Schuld und Verantwortung getragen. Wirklich. Ich war gedanklich schon auf dem Weg zum KaDeWe, um Ersatz zu suchen – ich hätte nicht mal auf den Schlussverkauf gewartet.

Doch dann tauchte in der Waschmaschine noch eine Überraschung auf: ein halbes Papiertaschentuch. Es war noch relativ intakt. Hatte sich lediglich in seine Lagen aufgelöst und drei, vier Papierknödel abgesondert. Weil die Mutter aller Wäscherinnen vor dem Waschen die vorderen Hosentaschen bereits nach Taschentüchern abgesucht hatte, durchsuchte sie nun die Hintertaschen, die sie zuvor ignoriert hatte. (Wer steckt sich denn schon Taschentücher an den Hintern? Niemand.) Außer meinem Freund – wie ich jetzt feststellte. Das Beweisstück, ein Teil des geschredderten Taschentuchs, fand sich noch dort.

Ich gebe zu, dass der Schaden, den das Papiertaschentuch angerichtet hatte, wesentlich geringer war als der Schaden, den ich dem Pullover meines Freundes zugefügt hatte. Trotzdem fühlte ich mich plötzlich erleichtert.

Als ich meinem Freund die Formveränderungen seines Pullovers gestand, war ich schon wieder ein kleines bisschen obenauf, denn ich fand, dass fehlermäßig Gleichstand herrschte. Das teilte ich ihm mit. Und nun, an dieser Stelle, schließt sich der Kreis zu dem Morgen mit dem Moltebeerensylt, denn wir bekamen einen Megakrach. Mein Freund wollte nicht einsehen, dass er genauso schuldig ist wie ich und dass er darum sein Recht verwirkt hat, um seinen Pullover zu heulen. Aber er trauerte so sehr um den verfilzten Lumpen, wie er nur hätte trauern dürfen, wenn er nicht das Papiertaschentuch in der Hintertasche seiner Hose vor der Mutter aller Wäscherinnen versteckt gehabt hätte.

Er verstand mich nicht. »Das Taschentuch ist schlimmer, denn du kanntest die Gefahr«, sagte ich.

»Mein Pullover«, sagte er.

»Das Taschentuch ist schlimmer, denn die Hintertasche ist obendrein noch fahrlässig«, sagte ich.

»Mein Pullover«, sagte er.

»Du sperrst dich gegen eine ernsthafte Analyse der Abläufe und Verantwortlichkeiten«, sagte ich.

»Mein Pullover«, wiederholte er nur immerzu. Da wurde ich dann so wütend, dass ich ihn mit Schweigen bestrafen musste.

Auf dem Weg zur Arbeit kam die Einsicht. Ich hatte den Streit noch mal abgespult. Vor und zurück und aus allen möglichen Perspektiven. Plötzlich fand ich, dass ich aggressiv klang. Und nicht nur das. Da war auch ein fieser, kleingeistiger, rechthaberischer Unterton, und zwar egal, aus welcher Perspektive ich mich reden hörte. Ich fühlte mich plötzlich wie eine sadistische alte Schachtel. Obwohl ich keine Brille trug.

Es stellte sich umgehend ein: das schlechte Gewissen. Er hatte den Schaden gehabt. Und den Spott noch dazu. Und das, obwohl ich so harmoniesüchtig bin. Ungefähr beim Recyclinghof wurde mir das klar. Ich griff zum Telefon und rief ihn an. »Na?«, sagte ich.

»Na?«, antwortete er.

Mein »Na?« bedeutet: »Bist du noch sauer?« Und sein »Na?« bedeutet: »Ich nehme deine Entschuldigung an.«

Nun waren wir wieder versöhnt, und ich spürte förmlich, wie die Harmonie mich wärmte. Nach der Arbeit hielt ich es kaum aus. Ich fuhr sofort beim KaDeWe vorbei und kaufte einen Pullover, der viel schöner war als sein Lieblingspullover. Und teurer war er auch, weil gerade wirklich kein Schlussverkauf war.

Nun zurück zum Marmeladenstreit. Der war irgendwie anders, ich konnte nur nicht sagen, warum. Ja, ich wollte mich auch versöhnen, spätestens jetzt, aber ein schlechtes Gewissen – das wollte sich nicht einstellen. Wie ging unser Streit noch mal?

Ich: »Was das hier wohl ist?«

Er: »Keine Ahnung.«

Ich: »Ich weiß es aber: Es ist eine schleimige Masse.«

Er: »Möchtest du mir gerade unterstellen, ich hätte ins Spülbecken gespuckt?«

Ich: »Nein, ich unterstelle dir nicht, ins Spülbecken gespuckt zu haben. Den Halsschleim bist du ja bereits in der Dusche losgeworden. Bei diesem Schleim hier handelt es sich um Marmeladenschleim.«

Er: »Wenn du das so genau weißt, wieso fragst du mich dann, was das ist?«

Ich: »Hör mal zu, hier liegt ein Stück Schleim an einer Stelle, wo er nicht hergehört. Das gefällt mir nicht, und das möchte ich gern klären dürfen«

Er: »Nicht schon wieder!«

Ich: »Schon wieder? Was meinst du damit? Schon wieder was denn? Meinst du, schon wieder verwechselt mich jemand in diesem Haus mit einer Putzfrau?«

Er: »Nein. Ich meinte, schon wieder rastest du wegen einer Lappalie aus.«

Ich: »Das sind keine Lappalien. Das ist ekelhaft. Und übrigens: Ich bin nicht diejenige, die agiert. Der, der die Marmelade erst verkleckert und nicht weggeputzt hat, ist der Akteur. Ich re-agiere nur.«

Um ehrlich zu sein, fand ich auch diesmal, dass die Worte, die die Frau sprach, nicht sehr harmoniebedürftig klangen. »Zu hart warst du, zu kategorisch«, sagte ein Stimmchen in mir, und dieses Stimmchen klang wirklich viel harmoniebedürftiger als die Frau gerade. Der Marmeladenklumpen im Spülbecken, also der Anlass für unseren Streit, schrumpfte und schrumpfte und schrumpfte. Er schrumpfte so lange, bis er am Ende noch genau das war, als was mein Freund ihn bezeichnet hatte: eine Lappalie. Keine so kleine, wie mein Freund glaubte, also nicht klein genug, um sie wortlos zu beseitigen, nicht so, als hätte ein Kind das Lätzchen bekleckert. Aber doch zu klein, um sich deswegen den Morgen zu verderben.

Und da hatte ich ihn, den Punkt, an dem ich mit dem Verzeihen ansetzen konnte: Lappalie. Und ich war diejenige, die wegen einer Lappalie einen Streit anfing. Ich fuhr gerade am Recyclinghof vorbei, als ich sah, wie meine Hand zum Telefon griff. Meine Hand wollte die Nummer meines Freundes wählen. Meine Hand wollte sich genauso gern versöhnen wie das Stimmchen in mir. Doch kurz bevor ich zu Ende gewählt hatte und meinem Freund mit einem schlichten »Na?« begrüßen konnte, fiel mir wieder der Schluss unseres Streits ein, nämlich sein letzter Satz:

Er: »Du hast wohl deine Tage gekriegt? Oder ist es noch PMS?«

Da wusste ich dann, dass ich nicht vor heute Abend die Friedensfahne schwenken würde. Der freche und frauenverachtende Satz waberte den ganzen Tag in mir, und ich musste ihn niederringen. Ein letztes Mal loderte der Zorn über diesen Satz hoch, als ich merkte, dass der erste Teil des frechen und frauenverachtenden Satzes sich gerade in Realität verwandelt hatte. Zornig ging ich einkaufen. Nicht im KaDeWe, sondern in der Drogerie gegenüber.

DIE WAHRHEIT ÜBER HASS

Warum Frauen manchmal doch morden möchten

Als mein Freund die Marmelade ins Spülbecken geklatscht hatte, hasste ich ihn ein paar Sekunden lang. Ich würde gern etwas anderes hier hinschreiben, zum Beispiel, dass ich darüber traurig war oder dass ich mich verletzt fühlte oder empört war. Meinetwegen auch, dass der Marmeladenklumpen mich hilflos und verzweifelt gemacht hat. Das wäre aber alles gelogen. Wenn ich ehrlich bin, hieß das Gefühl, an das ich mich genau erinnere, einfach nur Hass. Es ist mir deswegen peinlich, weil es mir irgendwie unweiblich vorkommt zu hassen. Außerdem war der Anlass so klein. Er hatte mich ja nicht geschlagen, verraten oder mit einer zehn Jahre jüngeren Blondine betrogen. Hätte er etwas in dieser Art getan, wäre der Hass vielleicht gerechtfertigt gewesen – jedenfalls vor wildfremden Leuten wie den Lesern dieses Buches. Das Einzige, was mein Freund aber getan hatte, war die Sache mit der Marmelade.

In Wahrheit, das muss ich noch mal deutlich sagen, hatte ich mich gar nicht über die Marmelade aufgeregt, sondern über seine Weigerung, mein Problem ernst zu nehmen. Ich nenne das jetzt mal: seine chauvinistische Gleichgültigkeit. »Ich hasste ihn wegen seiner chauvinistischen Gleichgültigkeit« klingt schon deutlich besser als »Ich hasste ihn, weil er

Marmelade verkleckerte«. Ich habe eben noch mal nachgelesen, an welchem Punkt der Unterhaltung ich von Hass geschrieben habe. Der Hass stellte sich auch beim Lesen wieder ein. Er überkam mich an der Stelle, als er diesen Satz sagte: »Du hast wohl deine Tage.«

Dieser Satz ist reine Verachtung. Er unterstellt, dass wir gar nicht über Marmelade streiten. Auch nicht darüber, wer wann und warum sie ins Spülbecken geklatscht hat. Wir streiten nicht über Ordnung und Sauberkeit, also über Regeln. Wir streiten auch nicht darüber, was eine angemessene Reaktion auf einen Vorwurf ist. Wir streiten nur, weil ich eine Frau bin, die sich nicht im Griff hat, weil ich eine Frau bin, die von ihren Hormonen beherrscht wird. Oder um es abzukürzen: weil ich eine Frau bin. Das alles steckt in dem Satz: »Du hast wohl deine Tage.« Frauenverachtend ist das! Menschenverachtend! Also ist der Hass gerechtfertigt.

Der Witz ist, dass mein Freund weder Menschen noch Frauen verachtet. Das spüre ich natürlich nur dann, wenn wir uns nicht streiten. Wenn wir uns streiten, ist er selbst auch nur Opfer seiner Hormone, vermutlich fehlgesteuertes Testosteron. Ich weiß ziemlich genau, dass er mich auch hasst, wenn er mir das mit meinen Tagen sagt. »Du hast wohl deine Tage«, klingt nur etwas besser als »Ich hasse dich.« Es meint aber das Gleiche.

Früher dachte ich immer, Frauen sind weich und zart und freundlich, und ihr Hauptgefühl heißt Liebe. Meine Mutter war so. Sie liebte ihre Kinder, und wir liebten sie fast ohne Abstriche zurück. Aber sie konnte auch zur Furie werden. An den schlimmsten Ausraster erinnere ich mich, als wäre es gestern gewesen. Ich war vielleicht sechs, meine Schwester acht, und meine Mutter hatte nach der Arbeit aus der Bäckerei gegenüber Kuchen mitgebracht. Sie wollte mit ihren Kindern Kaffee und Kuchen essen. Es war ein längliches Stück Schokoladenkuchen, eine Art Brownie, schwer und klitschig. Wir liebten diesen Kuchen.

Meine Schwester und ich sollten uns ein Stück teilen, denn wir wurden kurzgehalten. Meine Schwester wollte aber das ganze Stück Kuchen. Und sie wollte mir zeigen, wer der Chef ist. Darum stopfte sie sich das ganze Stück in den Mund und zog es dann wieder raus. Sie wollte erreichen, dass ich den Kuchen nicht mehr anrührte. Sie erreichte es auch. Aber meine Schwester erreichte noch etwas anderes: Meine Mutter rastete komplett aus. Sie riss den Nelkenstrauß aus der Vase, schnappte sich meine Schwester und verhaute sie mit den Nelken, dass die Blumenköpfe nur so flogen. Meine Schwester versuchte zu entkommen, dabei riss sie den Milchtopf und die Blumenvase um. Es war entsetzlich. Ich weiß nicht, was meine Mutter gefühlt hatte, bevor sie die Kontrolle verlor. Bestimmt war es kein echter Hass, denn es war ja ihr eigen Fleisch und Blut, gegen das sich der Sturm richtete. Aber so was Ähnliches muss es wohl gewesen sein. Vielleicht so was Ähnliches wie der Sekundenhass auf meinen Freund, nur dass meine Mutter nie die Erfahrung gemacht hat, wie beruhigend es ist, ein Klo halbe Treppe zu haben.

Meine Mutter raste ungefähr eine Minute lang. Danach saßen wir erschöpft in dem Chaos und wollten uns wieder liebhaben. Nach einer Weile entschuldigte sich meine Schwester, und meine Mutter lief runter zum Bäcker und holte ein neues Stück Kuchen, wir beide sammelten unterdessen die Nelkenköpfe ein und wischten die Flüssigkeiten auf.

Meine Mutter war in meinen Augen die wandelnde Liebe. Sie haute uns so gut wie nie. Auch wenn sie uns haute, liebte sie uns. Sie konnte aber auch hassen. Sie hasste einen meiner Onkel, weil er seine Kinder haute. Auch der haute seine Kinder nicht oft. Es störte meine Mutter auch nicht, dass er sie haute, sondern wie er sie haute. Er rastete nicht aus. Bei ihm liefen die Strafen so ab: Er setzte sich aufs Sofa und legte das sündige Kind über seine beiden Knie. Dann haute er, langsam und kontrolliert, vier- bis fünfmal mit der flachen Hand auf den Hosenboden. Nicht zu doll, denn er wollte seinen Kindern nicht in erster Linie wehtun, sondern sie erziehen. Ein bisschen so wie in dem Film *Das weiße Band*. Wenn meine Cousins weinten, glaubte mein Onkel sein Ziel erreicht zu haben und ließ von seinen Söhnen ab. Einer meiner drei Cousins erzählte mir einmal, dass es nicht wehtat, wenn sein Vater ihn verhaute. Er weinte zwar, aber nur, um seinem Vater einen Gefallen zu tun. Aber in den Augen meiner Mutter handelte es sich um schlimmste Gewalt. Sie empörte sich darüber, dass ihr Bruder nicht zornig war, wenn er seine Söhne verhaute. Er haute kontrolliert und ohne Wut. Er war der Starke, seine Söhne waren die Schwachen. Starke dürfen Schwache nicht hauen, fand sie. Wenn meine Mutter uns haute, dann fühlte sie sich selbst schwach. Wenn Schwache Schwache hauen, ist es nicht so schlimm. Ich verstehe sie so gut.

Ich hasse eigentlich auch nur dann, wenn ich mich schwach fühle. Ich hasse zum Beispiel einen Mann, der früher mal mein Chef war. Er ist schon lange nicht mehr mein Chef, aber ich hasse ihn immer noch. Ich hasse ihn so, als wäre er noch immer mein Chef. Ich muss nur an ihn denken, und schon steigt mein Blutdruck in eine ungesunde Höhe. Ich denke sehr selten an diesen Exchef. Aber wenn ich an ihn denke, dann ist es so, als wäre es heute. Der Hass ist dann ganz frisch. Der Chef ist Vergangenheit. Der Hass ist Gegenwart.

Ich hasse diesen Chef tief und echt. Von ganzem Herzen, sozusagen. Ich hasse ihn für alles. Für sein ganzes Sein. Ich hasse seinen Geruch, sein Gesicht, seine Haare, seine Brille, seine Kleidung. Ich hasse, wie er sitzt, wie er geht, wie er atmet, wie er spricht, wie er schreibt. Ich hasse seine Kinder, seine Frau und seine Eltern, obwohl ich die alle gar nicht kenne. Ich hasse seine Freunde, und ich hasse auch die Kollegen, die ihn mögen. Wenn ein Kollege, den ich mag, sagt, dass er meinen Chef gut findet, hasse ich ihn dafür und kann damit nicht aufhören.

Ich kann meinem Chef nicht in die Augen sehen. Wenn er mich sprechen will, sehe ich auf einen Punkt zwischen seinen Augen. Den kann ich gerade so aushalten, ohne vor innerem Hass zu sterben. Würde ich ihm direkt in die Augen sehen, würde ich versteinern, wie Medusa, nur umgedreht.

Ich würde meinen Chef gern töten. Leider bin ich dazu zu feige. In Gedanken habe ich meinen Chef aber schon oft getötet. Ich stieß ihn vom Dach eines Hochhauses, auf das ich ihn zuvor gelockt hatte. Ich heuerte einen Auftragskiller an. Ich vergiftete den Biosaft, den er immerzu trinkt, ich durchtrennte mit einem Schneidbrenner die Stahlseile des Fahrstuhls, mit dem er ins Büro fuhr, um Chef zu sein.

Er ist ein beschissener Chef. Er schreibt täglich ein Dutzend E-Mails an seine Abteilung, die immer mit »Hallo Leute« beginnen. Jede E-Mail von ihm versetzt mir einen Stich ins Hirn. Ich ekle mich davor, die Anweisungen zu lesen, mit denen er mir unter die Nase reibt, dass er mein Chef ist. Es ist die nackte Demütigung, dass ich seine Mails nicht ungelesen in den Papierkorb schieben darf wie eine Spammail. Ich muss alles, was er schreibt, lesen, verstehen und tun. Wenn ich etwas nicht verstehe, muss ich ihn fragen. Meine Mail beginne ich mit »Hallo Chef«. Ich hasse mich selbst, wenn ich das schreibe, weiß aber nicht, wie ich sonst beginnen soll. »Du dreckiges, stinkendes, fettes, arrogantes, dummes Sadistenschwein« wäre das Einzige, was ich ohne Selbsthass schreiben könnte, weil es die Wahrheit ist. Es jetzt und hier zu schreiben hat richtig Spaß gemacht. Aber der Hass hat mich noch nicht mutig genug gemacht, es wirklich zu schreiben. Ich bezweifle auch, dass der Hass mutig macht. Ich hasse immer, wenn jemand mich kleiner macht, als ich bin. Ich habe das Gefühl, dass ich im Hass auf meinen Chef immer kleiner werde und immer mehr hassen muss und dann noch mehr schrumpfe und so weiter.

Mein Chef liebt es, mir Sachen zum Arbeiten zu geben, die ich nicht kann. Ich sitze dann immer dreimal so lange daran, wie die Kollegen, die das besser können als ich. Er lässt mich nie das tun, was ich richtig gut kann. Alles, was ich gut könnte, lässt er die Leute machen, die das nicht können. Die schönsten Aufgaben bekommt immer Ronja. Wenn sie sie dann (schlecht) gemacht haben, lobt er sie – natürlich mit einer E-Mail an die ganze Abteilung. Da steht dann »Hallo ihr, das ist echt groß. Am größten ist Ronja. Die hat heute mit ihrem Dingsbums das ganze Projekt gerockt.« Dabei war das Dingsbums von Ronja der letzte Scheiß. Ich stelle mir dann immer vor, was Ronja getan hatte, um für meinen Chef die Größte zu sein. Sie tut in meiner Vorstellung sehr unappetitliche Dinge mit sehr unappetitlichen Körperteilen meines Chefs. Ronja ist genauso eklig wie mein Chef. Und ich hasse auch sie.

Ich gehe nicht gern zur Arbeit. Sobald ich morgens in mein Auto steige, um ins Büro zu fahren, fange ich an zu hassen. Mein Hass wird immer größer, je näher ich dem Büro komme. Bevor ich die Bürotür öffne, atme ich tief ein, damit ich es schaffe, den ersten Zug Büroluft zu atmen, ohne losheulen zu müssen. Dreimal habe ich es nicht geschafft. Das waren die schlimmsten Arbeitstage meines Lebens, weil ich, wenn ich einmal angefangen habe zu heulen, nicht mehr damit aufhören kann. Und weil ich dann gleichzeitig hassen und heulen muss.

Ich arbeite immer mit schlechter Laune und mit Angst. Ich habe solche Angst vor meinem Chef, dass ich andauernd Fehler mache und dafür mit E-Mails an alle bestraft werde, in denen steht: »Hallo Leute, im Dingsbums war schon wieder der gleiche Fehler. Das ganze Projekt floppt, wenn sich nicht alle (ich meine: alle) reinhängen.« Alle wissen natürlich, dass mit alle ich gemeint bin.

Ich würde mich über den Tod meines Chefs freuen. Ich würde mich aber genauso freuen, wenn er schnell Karriere macht. Denn auch dann wäre ich ihn los. Der Hass auf meinen Chef beherrscht mich genau acht Stunden pro Tag. Jeden Tag ab Punkt 16.30 Uhr, wenn ich das Büro verlasse, ist mein Chef mir 16 Stunden lang egal. Zu Hause hasse ich meinen Chef nicht. Zu Hause denke ich nicht an ihn. Wenn mein Freund mich fragt, wie mein Tag war, sage ich »okay«. Ich will nichts vom Büro erzählen, weil ich zu Hause nicht hassen möchte. Wie gesagt: Der Chef ist jetzt weg, der Hass nicht. Ich habe den Hass im Griff.

Ich habe aber auch schon mal nonstop gehasst – und zwar eine Frau. Es war die Frau, wegen der mein Exfreund mich verlassen hat. Ich kannte sie nicht. Mein Exfreund und ich waren viele Jahre zusammen und hatten schöne Pläne. Wir verstanden uns sehr gut, auch nach vielen Jahren noch.

Eines Tages stand mein Exfreund vor mir und sagte mir, dass er mich nun verlassen werde. Er sagte mir, dass er mit einer Frau schlafe. Er sagte, dass er mich nicht mehr liebe, sondern diese Frau. Er sagte, dass sie die bessere Frau für ihn sei. Er packte ein paar Sachen und ging. Er nahm fast nichts mit. Seine Sachen waren ihm nicht wichtig. Alles, was wir zusammen gekauft hatten, eine ganze Wohnung voller schöner und teurer Dinge, ließ er einfach da. Es war ihm nicht wichtig. Wichtig war ihm diese Frau, die besser zu ihm passte als ich.

Ich hasste ihn nicht. Ich hatte ihn natürlich öfter gehasst, als wir zusammenlebten. Er hat zwar nie Marmelade ins Spülbecken geklatscht, aber andere Dinge des gleichen Formats hatte er durchaus drauf, und dafür hatte ihn manchmal mein Sekundenhass getroffen.

Alles das bereute ich nun. Aber ich hasste ihn keine Sekunde lang, als er mich verließ. Ich hasste nur sie, die Frau, die besser zu ihm passte und die ich gar nicht kannte.

Ich hasste 24/7, wie die Amerikaner sagen, also 24 Stunden lang, 7 Tage die Woche. Es ist ganz schön anstrengend, mehrere Jahre lang 24/7 zu hassen. Ich konnte vor lauter Hass nicht schlafen und nicht essen. Ich konnte nicht lesen, nicht fernsehen, nicht Radio hören. Ich konnte mich auf nichts konzentrieren. Weil ich so wenig schlief und darum völlig fertig war und weil ich immerzu nur an die Frau dachte, die mir meinen Freund weggenommen hatte.

In meinen Augen war sie schuld an seinem Verrat, sie ganz allein. Und er war unschuldig. Er war unschuldig, und er tat mir leid – mindestens genauso leid, wie ich mir selbst tat. Ich liebte ihn umso mehr, je mehr ich die Frau hasste. Er war ja nur ihr Opfer geworden, genau wie ich. Dass wir beide Opfer der gleichen Frau waren, verband uns in meinem hassenden Herzen.

Ich wollte meinen Freund wiederhaben. Sein bester Freund gab mir einen Ratschlag. »Sei hübsch, und sei lieb«, sagte er. In meiner Übermüdung und in meinem Hass fand ich diesen bescheuerten Satz extrem weise. Ich rief meinen Freund an. Dutzende Male. Immerzu versuchte ich dabei, den Hass zu verdängen, um lieb sein zu können. Es gelang mir fast nie. Einmal, als wir telefonierten, hörte ich ihn mit Töpfen klappern. »Was machst du gerade?«, fragte ich ihn, ziemlich lieb. Er antwortete: »Wir kochen.« Er sagte: »Wir.« Das war schlimm. Noch schlimmer war aber, dass sie »kochten«. Kochen bedeutet Ankunft im Alltag. Es war mein Alltag. Sie hatte meinen Alltag geklaut. Sie war in diesem Moment an meine Stelle gerückt. Es war, als hätte sie mich getötet. Hätte er gesagt: »Wir ficken«, wäre es weniger schlimm gewesen.

Vor meinen Augen wurde es weiß. Mein Blut rauschte wie der Rheinfall von Schaffhausen. Mein Blut verließ mein Gehirn. Ich konnte nicht atmen und nicht reden. Mein Kopf war leergepumpt – ein schmerzhaftes Vakuum. Dann kam die Eruption. Ich konnte sie nicht steuern und nicht anhalten. Ich kann ja auch die Erde nicht anhalten. Sie muss sich drehen. Und ich musste explodieren. Ich weiß nicht mehr genau, was ich sagte, aber ich weiß noch, dass alles, was ich sagte, Beleidigungen waren. Ich weiß noch, dass mich jede Beleidigung, die ich ausstieß, mit Befriedigung erfüllte. Ich erinnere mich genau, dass ich Wörter sagte, die es in der deutschen Sprache schon gab, und dass ich außerdem Wörter erfand, die es in der deutschen Sprache noch nicht gab. Alle Wörter, die ich für sie benutzte, schlugen unter die Gürtellinie. Es waren hässliche Wörter. Ich schlug so sehr unter die Gürtellinie, bis unterm Gürtel nichts mehr übrig blieb. Die Frau, die mir meinen Freund weggenommen hatte, wurde zur Frau ohne Unterleib – natürlich leider nur verbal.

Er sagte kein einziges Wort. Nach ein paar Minuten legte er auf. Ich merkte es gar nicht gleich. Irgendwann drang Stille durch mein Ohr an mein Bewusstsein. Die Töpfe klapperten nicht mehr. Ich hörte mitten im Wort zu reden auf, und ich glaube, dass auch mein Mund eine Weile offen stehen blieb. Ich glaube, dass ich mehrere Minuten lang tot war. Als ich wieder zu leben anfing, dachte ich: »Scheiße. Du warst weder lieb noch hübsch.«

Es gelang mir in dieser Zeit, meine gesamte Lebenskraft in Hass umzuwandeln. Der Hass bewirkte die Schlaflosigkeit. Doch der Hass weckte mich auch wieder auf, machte mich munter und stark. Stark genug, um immer weiter hassen und schlaflos daliegen zu können. Der Hass spendete mir die größte vorstellbare Lebenskraft.

Natürlich wollte ich sie auch töten. Wenn ich nachts dalag und nicht schlafen konnte, tötete ich sie grausam. Meist benutzte ich dazu ein Messer. Ich tat alles selbst, ließ es nicht von einem Auftragsmörder erledigen. Ich wollte mir die Hände dreckig machen, wollte sehen, wie sie staunt, erschrickt, Angst hat, ihre Tat begreift und einsieht, dass sie den Tod verdient hat. Ich stellte mir vor, dass ich das größte Küchenmesser nehmen würde. Ich ließ es vorher bei einem professionellen Messerschleifer schärfen. Dann lauerte ich ihr vor ihrer Wohnung auf und richtete ein Blutbad an. Ich nahm mir vor, ihr dabei in die Augen zu schauen. Sie sollte versteinern, bevor sie starb.

Eines Tages wendete sich das Blatt. Leider war es für ein Happy End da schon zu spät. Für das schlimme Verbrechen, das mir angetan wurde und das den Namen »Liebesverrat« trägt, wurde mir nach vier Jahren und zweieinhalb Monaten die schönste vorstellbare Rache zuteil. Mein Exfreund trennte sich von der Frau, die besser zu ihm passte. Er hatte eine Frau getroffen, die noch besser zu ihm passte. Er steigerte sich also in geradezu fantastische Kategorien von Zusammenpassen hinein. Er war ein Narr.

Ungefähr ein Jahr, bevor er sich von meiner Nachfolgerin trennte, hatte ich aufgehört, 24/7 zu hassen. Ich war ungefähr im Stadium des Halbtagshasses angekommen. Das ist die Phase vor dem Endstadium, in dem man nur noch impuls- oder momentweise hasst, bevor man dann, eines Nachts und ohne es zu merken, ganz mit dem Hassen aufhört. Die gute Nachricht überbrachte mir der beste Freund des Mannes, der einmal mein Exfreund war. Der Gleiche, an dessen Rat, »lieb und hübsch« zu sein, ich seinerzeit gescheitert war. Blitzschnell hatte ich nachgerechnet, dass der Mann meines Lebens es mit meiner Nachfolgerin zwei Jahre weniger ausgehalten hatte, obwohl sie doch besser zu ihm gepasst hatte. Bei der Neuen würde es noch schneller aus sein. Das Gesetz der Serie wirkte, mein Exfreund sah das nur nicht, denn sein Blick war von Frauen verstellt. Er konnte nicht einsehen, dass er ein Narr war, der nichts verstand – weder die Frauen noch sich selbst. Und doch: Die Trennungsnachricht war ein Moment ambrosischer Süße, den ich noch heute mit geschlossenen Augen genießen kann.

DIE WAHRHEIT ÜBER SEX

Wann und warum Frauen nicht darüber reden
und wann und warum Frauen darüber reden

Seit *Sex and the City* glauben irgendwie alle Menschen, dass Frauen immerzu über Sex reden, dass Frauen mit Sex angeben und vor allem, dass Frauen immerzu Sex wollen. Die Serienrealität sieht so aus: Angesagte Frauen treffen sich in angesagten Großstadtcafés, um sich laut und freudvoll über die Penisse ihrer angesagten Liebhaber zu unterhalten oder aber um darüber zu klagen, dass sie schon eine Woche lang keinen Orgasmus mehr hatten und darum sehr besorgt sind, nicht mehr angesagt zu sein. In *Sex and the City* haben Frauen bei nichts mehr Spaß als beim Reden über Sex, vom Sex selbst einmal abgesehen. Seit ich die Serie gesehen habe, kann ich nicht mehr aufhören, meine eigene Realität mit der Serienrealität zu vergleichen. Das Ergebnis sieht so aus:

A.   *Frauen haben Sex ...*
... mit dem eigenen Mann und darum selten.
... mit dem eigenen Mann, aus Höflichkeit.
... mit einem fremden Mann und darum wilden.
... mit einem geträumten Mann. Fantastischen.
B.   *Frauen reden nicht über Sex.*

Fangen wir mit B an.

Meine Großmutter zum Beispiel. Sie hat selbstverständlich niemals über Sex geredet. Sie hat nicht nur mit ihren Enkeln niemals über Sex geredet. Sie hat überhaupt nicht über Sex geredet. Aus dem einfachen Grund, weil sie niemals Sex hatte. Natürlich war sie verheiratet. Natürlich hatte sie Kinder. Vier Stück, um genau zu sein. Aber es ist evident, dass sie diese Kinder lediglich *hatte*. Sie waren bei ihr, wie später wir, die Enkel. Die Kinder und Enkel waren sozusagen gegeben. So wie die Geraden und Winkel im Geometrieunterricht. Mit der fleischlichen Herstellung ihrer Kinder hatte meine Großmutter nichts zu tun, davon bin ich bis heute überzeugt.

Meine Großmutter trug einen Dutt am Hinterkopf, auch auf Jugendfotos trug sie den schon. Sie schaute freundlich und manchmal auch ein bisschen streng, aber niemals so, als wüsste sie irgendetwas aus dem Themenkreis Fortpflanzung. Ich wette, dass sie nicht einmal das Wort Sex kannte. Ich würde die Wette gewinnen. Ich weiß es einfach. Natürlich kann ich es nicht beweisen, denn als ich auf die Welt kam, war meine Großmutter schon 60 Jahre alt und Witwe. Aber ich würde es vor Gericht beschwören. Ich habe auch Indizien:

Als ich neun Jahre alt war, habe ich mal etwas zu meiner Großmutter gesagt, das sich dann als furchtbar unanständig herausstellte. Ich besaß einen grünen Latzrock, der steif von mir abstand wie bei einer Tanzpuppe. Meine Großmutter sah mich gern in diesem scheußlichen Rock, ich wollte ihn aber nicht anziehen. »Warum magst du diesen schönen Rock denn nicht?«, fragte mich meine Großmutter. Und ich antwortete: »Weil ich damit aussehe, als sei ich schwanger.«

Ja, ich sagte »schwanger«.

Es war offenbar das schlimmste Wort, das meine Großmutter je gehört hatte. Sie war entsetzt. So entsetzt, als hätte ich mit der Penislänge meines angesagten Liebhabers angegeben. Sie hielt mir einen langen und eindringlichen großmütterlichen Vortrag. Darüber, dass neunjährige Mädchen niemals solche Wörter in den Mund nehmen dürfen, dass ich auf die schiefe Bahn geraten würde, dass ich mir mein ganzes Leben verpfuschen würde, dass ich in der Gosse enden würde.

Obwohl mir der Zusammenhang zwischen »schwanger« und Gosse damals noch eher unklar war, verstand ich, dass das Verbot, über Schwangerschaften zu reden, eigentlich etwas anderes war, nämlich das Verbot, über Sex zu reden. Ich beschloss, das komplette Themenspektrum künftig zu meiden.

Als ich das erste Mal über Sex redete, also richtig über Sex, nicht über das Schwangeraussehen, da war ich zehn. Bevor ich zehn war, hatte ich für mich die Frage, wo Kinder herkommen, dahin gehend beantwortet, dass sie durch Liebe entstehen. Meine Mutter hatte mich da bestens aufgeklärt. »Wenn eine Frau einen Mann liebt, dann bekommt sie ein Baby«, hatte sie gesagt.

Ich war damals in Udo Lindenberg verliebt und hoffte lange, eines Tages ein Baby von ihm zu kriegen. Die Schwangerschaft hätte ich natürlich rücksichtsvoll vor meiner Großmutter verborgen. Erst relativ spät traf mich der Zweifel. Wie kann das mit dem Baby von Udo Lindenberg funktionieren, so ganz ohne dass er von meiner Liebe oder auch nur von meiner Existenz wusste? Und außerdem waren auch alle meine Freundinnen in ihn verliebt. Würden sie alle Babys von ihm kriegen können? Das wäre mir nicht recht gewesen. Und ich ahnte, da stimmte etwas nicht. Aber nach den Erfahrungen mit meiner Großmutter wagte ich nicht, jemanden, der erwachsen war, mit meinen Zweifeln zu behelligen. Mit dem Kinderkriegen stimmte etwas so fundamental nicht, dass es besser war, nicht nachzufragen.

Mit zehn holte mich die Wahrheit ein. Mein erstes Gespräch über Sex hatte ich auf dem Dorf. Ich besuchte meine Tante, eine der vier Töchter meiner Großmutter, und traf dort mit einem rundum wissenden Mädchen zusammen. Es war ein Jahr älter als ich. Das Mädchen sagte mir, dass es wisse, wo die Kinder wirklich herkämen. »Der Mann steckt seinen Penis in die Scheide der Frau.« So sprach sie.

»Du lügst«, sagte ich. Es war so peinlich, was sie da aussprach, dass mich die spontane Sorge packte, sie würde einmal auf die schiefe Bahn geraten und ihr ganzes Leben verpfuschen. Das Mädchen lachte und fragte: »Was glaubst du denn, wo die Babys herkommen?«

»Von der Liebe«, sagte ich. Sie lachte weiter und nannte mich »ziemlich zurückgeblieben«.

Jetzt holte ich meinen Trumpf aus der Tasche: »Das kann nicht wahr sein. Sonst hätte meine Mutter so was ja auch gemacht.« Nun lachte sie sich wirklich kaputt und fragte, wie viele Geschwister ich hätte, und als ich »zwei« antwortete, sagte sie etwas sehr Verruchtes, und ich wusste, dass ihr Abstieg in die Gosse nicht mehr zu vermeiden war, nämlich: »Deine Mutter hatte genau dreimal Geschlechtsverkehr.« Sie hatte Beweise. Aufklärungsunterricht! In der Schule! Ich hingegen befand mich noch im Stadium der mütterlichen Aufklärung, war also wirklich »zurückgeblieben«.

Ich weiß genau, dass ich ziemlich schnell innerlich kapitulierte. Das Mädchen hatte recht. Meine Mutter hatte Sex gehabt. Und ich würde kein Baby kriegen, dessen Vater Udo Lindenberg ist, es sei denn, Udo Lindenberg würde seinen Penis … und so weiter. Aber so groß war meine Liebe zu Udo

Lindenberg dann doch nicht, dass ich gern Bekanntschaft mit seinem Penis geschlossen hätte, selbst dann nicht, wenn er morgen vor meiner Tür gestanden hätte. Plötzlich wollte ich kein Baby mehr von ihm.

Das Dorfmädchen und ich stritten noch eine Weile. Ich wollte nicht zugeben, dass sie recht hat. Es wäre mir wie ein Einverständnis zu »Penis in Scheide« vorgekommen. Ich habe aus dem Gespräch mit dem Dorfkind viel Erkenntnis mitgenommen, aber auch ein Trauma in Bezug auf das Wort Geschlechtsverkehr.

Heute sind wir natürlich weiter. Aber noch nicht so weit, wie sie in *Sex and the City* sind. Wenn ich mit mehr als einer Frau zusammensitze, ist das Thema Sex noch immer tabu. Meine Kolleginnen und ich, zum Beispiel. Wir verbringen sehr viel Zeit miteinander. Mehr als mit allen unseren Männern. Wir kennen uns, wir mögen uns, und wir gehen jeden Tag zusammen essen. Wäre Berlin New York und unsere Kantine Starbucks in der 5th Avenue, man könnte uns mit Carry und Co. verwechseln. Der Eindruck täuscht aber. Wir reden viel, wir reden über alles. Aber es gibt genau ein Thema, über das wir nie reden: Sex. Selbst wenn eine von uns gerade ein total aufregendes Sexabenteuer hatte, wird sie es für sich behalten. Sex ist peinlich. Wer darüber redet, ist auf dem Weg zur schiefen Bahn.

Sind wir verklemmt? Ich finde mich nicht verklemmt. Aber ich weiß, warum ich nicht über Sex rede. Jedenfalls nicht in der Kantine. Die Erklärung ist ein bisschen kompliziert, aber gnadenlos zutreffend.

Bei mir ist es so: Ich mag fremde Menschen nicht. Ich mag sie nicht in meiner Nähe. Darum meide ich Menschenmengen. Ich mag zum Beispiel Paris nicht, obwohl ich Paris toll finde. Aber ich halte es nicht aus auf den schmalen Bürgersteigen der Rue Vavin. Begegnet man dort Menschen, was oft passiert, hat man die Wahl: auf die Straße springen oder sich dicht aneinander vorbeischieben. Ich springe immer auf die Straße. Ich möchte einem Fremden nicht so nah kommen, dass ich ihn berühre, wenn auch nur mit dem Ellenbogen.

Aus dem gleichen Grund stehe ich auch so ungern in einer Schlange. Wenn an der Supermarktkasse eine Schlange ist, erwacht mein Fluchtinstinkt. Ich höre den Atem. Ich fühle den Atem. Im Nacken. Flucht!

Ich finde es richtig schlimm, fremde Menschen anzufassen. Wenn mir eine Kassiererin Wechselgeld gibt, nehme ich es vorsichtig, damit sie mich nicht berührt. Ich vermeide es, fremde Menschenhände zu schütteln. Ich schüttele nur dann schnell eine Hand, wenn ich verhindern will, dass fremde Menschen mir mit einem Wangenkuss kommen wollen. Wangenkuss! Eine schreckliche Mode, die nicht nach Deutschland passt. All das will ich nicht. Ich will nicht angefasst werden. Ich will nicht angeatmet werden. Ich will nicht geküsst werden.

Bestimmt fremdeln nicht alle Menschen so stark wie ich. Aber ein bisschen fremdeln alle. Im Prinzip mögen Menschen Fremde nicht. Ich sage jetzt mal: Kein normaler Mensch mag Fremde. Wir wollen von fremden Menschen nur das Nötigste sehen. Das Gesicht, die Hände. Völlig okay. Der Rest muss weg. Die Arme in Ärmel, die Füße in Socken. Die Geschlechtsorgane in die Unterhose. Und die Unterhose in die Hose – zur Sicherheit.

Männer im Büro haben keinen Penis. Frauen im Supermarkt haben keine Scheide. Im Büro und im Supermarkt sind Männer und Frauen geschlechtslos. Zwischen den Beinen ist nichts außer Stoff.

Und nun das: Eine Frau trifft einen Mann. Hormoneinschuss. Bedürfnis nach Nähe. Wilde Knutscherei. Geschlechtsverkehr.

Man muss sich das einmal vorstellen. Ein fremder Mann und eine fremde Frau. Gerade taten sie noch so, als wäre unter all dem Stoff nichts. Und plötzlich wollen beide den Stoff weghaben. Sie wollen dicht ran. Die Haut, der Schweiß, der Schleim, die Schamhaare, der Gestank, die Scheide, der Penis. Alles, was zuvor bekleidet, parfümiert und damit inexistent war, wollen sie nun ansehen und anfassen.

Hätten sich die beiden an der Supermarktschlange getroffen, sie wären auf Abstand gegangen, um sich nicht atmen zu hören. Wären sie sich auf einem Pariser Bürgersteig begegnet, wäre einer schnell auf die Straße gesprungen, um den anderen nicht am Ellenbogen zu berühren. Und nun tauschen sie Speichel aus, reiben ihr Epithel, und ganz zum Schluss »steckt der Mann seinen Penis in die Scheide der Frau«. Und die Frau, die in jeder anderen Situation schnell genug gewesen wäre, seinen Wangenkuss mit dem Reichen ihrer Hand abzuwehren, sie will den Penis des Mannes. Und nichts anderes.

Die Frage, warum sie das tun, ist ausnahmsweise mal sehr einfach zu beantworten. Es ist schön. Es gibt nicht viel, was schöner ist, als der erste Sex mit einem fremden Mann. Schon der zweite ist nur noch halb so schön. Man kann wohl sagen, dass der Sex umso schöner ist, je weniger sich Penis und Scheide kennen. Alle wissen das, aber kaum jemand gibt es zu.

Das Tolle am ersten Sex ist das: Irgendetwas passiert, das den Menschen verändert. Es verändert jeden Menschen dahin gehend, dass auch der dürftig ausgestattete Angsthase und auch die cellulitulöse Albtraumfrau auf einmal mitmachen und blind werden für Makel, für Kontrollverlust, für Peinlichkeit.

Faktisch aber, also von außen betrachtet und objektiv, ist und bleibt es doch so, dass das, was hier passiert, das Allerpeinlichste ist, was es auf dieser Welt gibt, nämlich – zur Erinnerung für alle, die es vergessen haben sollten – der Mann steckt seinen Penis in die Scheide der Frau. Ja. Das *ist* peinlich!

Dass Menschen, die mehr als drei Viertel des Tages ihr Geschlechtsorgan verstecken, eigentlich sogar vergessen, dass also Menschen so etwas freiwildhaft Biologisches noch können, ist eigentlich ein Wunder. Dieses Wunder ist nur wegen der Biochemie möglich. Hormone. Bei den Geilheitshormonen handelt es sich um persönlichkeitsverändernde Substanzen, die Menschen dazu bringen zu vergessen, dass es Peinlichkeit gibt. Das Ergebnis heißt bei allen Menschen dieser Welt bis auf meine Großmutter: Fortpflanzung.

Und da haben wir auch die Erklärung dafür, warum Frauen am helllichten Tag nicht über Sex reden und auch nichts über Sex hören wollen. Ohne härteste hormonelle Unterstützung klingt das, was im Bett zwischen Mann und Frau passiert ist, plötzlich wieder nur noch peinlich.

Fazit: Es gibt eine Million Gründe, warum eine Frau sich danach sehnt, einen Penis in ihrer Scheide zu haben. Aber es gibt keinen einzigen Grund, warum sie am anderen Tag in der Kantine darüber reden sollte.

Und nun zurück zu A: Warum Frauen trotzdem über Sex reden.

Ich habe nicht gesagt, dass Frauen *gar nicht* über Sex reden. Natürlich reden sie über Sex. Dazu muss man sich aber die Kantine wegdenken und die anderen Frauen. Frauen reden über Sex, wenn sie allein sind. Also zu zweit. Mit ihrer Freundin.

Meine Erfahrung ist die: Frauen reden am allerliebsten und am allerehrlichsten über Sex, wenn sie vom Sex so richtig angenervt und frustriert sind, also potenziell eher am Ende einer Beziehung. Es gibt auch Frauen, die am Anfang einer Beziehung über Sex reden. Leider kenne ich keine. Aber meine Freundin hat so eine Freundin. Meine Freundin wird von ihrer Freundin regelmäßig mit frischen und detailgetreuen Penis-in-Scheide-Geschichten versorgt. Um ihre Freundin habe ich meine Freundin immer beneidet. Zwar erzählt mir meine Freundin alles weiter, was ihre Freundin ihr erzählt, aber eben nur aus zweiter Hand. Etwas mehr Farbe, Anschaulichkeit, Nachfragen hätte ich mir immer gewünscht, und das ist bei Nacherzählungen schwierig. Trotzdem werde ich mich um eine Nacherzählung der Nacherzählung der Erlebnisse der Freundin meiner Freundin nicht drücken. Doch dazu später.

Zuerst kommen aber meine eigenen Freundinnen zu Wort. Ich habe ausschließlich Freundinnen, die vom jahrelangen Sex mit dem gleichen Mann frustriert und angenervt sind.

Aufmerksame Leser werden merken, dass ich mich allmählich an die Behandlung von A heranrobbe. Zur Erinnerung:

Frauen haben Sex ...
... mit dem eigenen Mann und darum selten.
... mit dem eigenen Mann, aus Höflichkeit.
... mit einem fremden Mann und darum wilden.
... mit einem geträumten Mann. Fantastischen.

Beginnen wir mit dem Anfang:
... mit dem eigenen Mann. Und darum selten.
Mir fällt meine Freundin Annika ein. Annika ist seit zehn Jahren mit Sven verheiratet. Annika und Sven haben drei Kin-

der. Ich hätte auch Andrea nehmen können. Seit elf Jahren mit Torsten verheiratet. Zwei Kinder. Oder Marlen. Seit acht Jahren mit Wolfram verheiratet. Vier Kinder. Oder Angela. Seit sechs Jahren mit Ralf verheiratet. Drei Kinder.

Ich nehme Annika und Sven, weil sie ein besonders überdurchschnittliches und zugleich total durchschnittliches Paar sind. Überdurchschnittlich, was Aussehen, Einkommen, Harmonie anbelangt. Überdurchschnittlich, von außen betrachtet.

Betrachten wir sie mal von außen. Wir sehen Sven und Annika im Partymodus. Der Partymodus geht so: Sven und Annika haben Gäste, Sven nennt Annika »meine Süße« und »meine Liebste«. »Meine Liebste und ich waren gestern im Kino«, ist ein typischer Satz. Ein anderer typischer Partymodussatz ist: »Gehst du bitte diesmal nach der Kleinen sehen, Süße?« Das sagt Sven, wenn es aus dem Babyfon quakt. Und jeder denkt: »Wow, die ganzen letzten Male hat Sven nach der Kleinen gesehen.«

Annika ist im Partymodus sehr anschmiegsam. Sie sieht nach mühsam unterdrückter Lust auf Sven aus. So, als würde sie eigentlich lieber seinen warmen Penis als einen kalten Cocktail in der Hand halten – und nur aus Höflichkeit mit dem Umtausch warten, bis die Gäste weg sind. Wenn Annika mit Sven spricht, nennt sie ihn »Schatzi«, wenn sie über ihn spricht, »Svenni«. In ihrem Handy hat sie ihn als »Megasven« gespeichert.

Das mit Megasven weiß ich, weil sie mir vor vielleicht zwei Jahren Svens Telefonnummer per SMS geschickt hat. Ich weiß nicht mehr, wofür ich Svens Nummer brauchte. Aber jetzt hab ich sie in meinen Kontakten gespeichert, unter M. Ich kann nicht aufhören, über Megasven nachzudenken. Was bedeutet das Mega? Es kann eigentlich nur eins bedeuten, nämlich, dass Sven einen megagroßen Penis hat. Sonst hätte sie ihn ja als Schatzi oder als Svenni speichern können. Sven ist nicht groß. Er ist ein kleiner, zäher Typ. Ein kleiner, zäher Typ mit einem megagroßen Penis.

Ich würde gern nicht über Svens Penis nachdenken müssen. Aber wenn ich in den Kontakten auf M gehe, um Mutti anzurufen oder Marlen oder Musikschule oder Michaela, dann stolpere ich über Megasven. Es ist jedes Mal ein kleiner Schock. So, als wenn ich meinem Chef plötzlich ohne Hose begegnen würde. Als Mann mit Penis. Auch Megasven ist jetzt ein Mann mit Penis.

Nach jeder Party, wenn Annika um ihn herumgeschnurrt ist, fällt Sven mit dem Riesenpenis über Annika her, ist doch klar. Und wenn keine Party ist, fällt er auch über sie her, nur schon etwas früher am Abend und später dann noch mal. Das war meine Fantasie in Bezug auf die beiden. Ich gebe zu, ich war neidisch. Nicht so sehr darauf, dass Sven über Annika herfiel. Aber darauf, dass Annika ihn über sich herfallen ließ. Woher nahm sie so viel Hormon? Ich meine, was wird Sven schon tun mit Annika? Penis in Scheide! Kein Geheimnis. Aber sie freute sich. Beneidenswert!

Mein Neid steigerte sich von Party zu Party. Wenn eine Frau einen Mann, den sie in- und auswendig kennt, so dermaßen aufregend findet, ist das eine Leistung, um die man sie mit Fug und Recht beneiden darf, finde ich. Ich könnte das nicht. Besser gesagt: Ich kann das nicht.

Sven ist eigentlich mein Idealmann. Nicht weil er Megasven ist, sondern weil er einer seltenen Spezies angehört, der Spezies der ordentlichen Männer. Im ersten Kapitel habe ich ja ausführlich erklärt, was schon kleinere Störungen der Ordnung, verursacht zum Beispiel durch einen Marmeladenklumpen im Spülbecken, mit mir anstellen. Männer, die tropfen, krümeln und kleckern, versetzen mich emotional und hormonell in den Ausnahmezustand. Ich bin in der Lage, sie zu HASSEN. Ist es nicht legitim, dass ich für die wenigen gegenteiligen Männer, die Tropfen und Flecken und Krümel WEGWISCHEN, das Gegenteil empfinde? Ich finde, es ist legitim. In einer Anflutung von Zuneigung machte ich Sven neulich ein Geständnis: »Wie herrlich muss es sein, mit dir verheiratet zu sein«, sagte ich. Denn Sven befand sich gerade im Partymodus. Er tänzelte an mir vorbei, sammelte nebenbei Krümel auf und räumte Gläser in die Spülmaschine.

Ich sagte: »Ein Mann wie du würde nie schwedische Marmelade ins Spülbecken klatschen oder Handyladekabel über Türdrücker hängen oder Socken auf den Kopierer legen.«

Er antwortete: »Niemals.«

Ich sagte: »Wir beide würden uns nie streiten.«

Er antwortete: »Niemals.« Und weiter: »Niemals über Marmelade.«

Ich sagte: »Meine Beziehungen scheitern an der Marmelade und an der Unordnung der Männer.« Wie gesagt, ich war von Zuneigung erfüllt, aber ich wollte eigentlich nicht über Sex reden. Aber dann sagte Sven einen Satz, in dem das Wort Sex vorkam, und den ich erst viel, viel später richtig verstand.

Er sagte: »Meine Beziehungen scheitern am Sex.«

Ich lachte und tat so, als wüsste ich Bescheid. Genau so, wie man es bei Partys macht, wenn man eigentlich überhaupt nicht kapiert hat, worum es geht. Lachen, zwinkern, zweideutig schauen. Sven hatte von Sex gesprochen. Ich wusste ja Bescheid über ihn. Mehr als er ahnte. Zwinker, zwinker.

Jetzt wird es höchste Zeit, den anderen Modus der beiden zu betrachten. Als Außenstehender kriegt man den Alltag fremder Leute ja üblicherweise nicht mit, aber manchmal eben doch. Ich neigte bei Sven und Annika sehr lange dazu, den Alltagsmodus zu verdrängen, weil der so stinklangweilig ist. Wie bei allen meinen Freundinnen mit Männern und Kindern.

So sieht der Alltagsmodus aus: Wenn keine Party ist, kommt Sven abends spät nach Hause. Meistens sogar sehr spät. Er arbeitet gern lange. Neulich, ich holte gerade eines meiner Kinder bei einem von Annikas Kindern ab, kam Sven ausnahmsweise früher nach Hause.

»Warum stand schon wieder das Garagentor offen?«, fragte Sven zur Begrüßung, und ich dachte noch, »Wie herrlich ist doch dieser ordentliche Mann«, denn die Schlamperei mit dem offenen Garagentor war mir vorhin auch schon aufgefallen.

»Weil ich keine Zeit hatte, es zu schließen«, antwortete Annika. Sven wollte dann wissen, warum Annika von der Betreuung von drei Kindern so gestresst sei, wo doch die Erzieherinnen im Kindergarten zehn Kinder gleichzeitig betreuen können. Sie wollte dann wissen, warum er nicht einfach bis Mitternacht im Büro bleibe, um sich den Arsch breit zu sitzen, anstatt zu Hause die Abläufe zu stören. Was Sven antwortete, bekam ich nicht mehr mit, denn ich hatte mein Kind gefunden und machte mich aus dem Staub. Ich hatte das Gefühl, dass das, was an diesem Abend zwischen den beiden ablaufen würde, nichts mit Sex zu tun haben und trotzdem sehr wild werden würde.

Nach diesem Einblick in den Alltagsmodus der schnurrenden Annika und des Megasven war ich verwirrt. Noch etwas später klärte sich dann alles auf. Annika besuchte mich, abends, ohne Sven und Kinder, und sprach zum ersten Mal mit mir über Sex. Seitdem weiß ich, was Sven auf der Party meinte. Annika hat normalerweise nicht nur keine Lust, über

Sex zu reden. Annika hat auch keine Lust auf Sex. Annika ist ganz anders, als ich dachte. Sie ist eher genau so eine wie ich. Sie geht am liebsten zusammen mit den Kindern ins Bett und versucht, ihre Müdigkeit wegzuschlafen. Sie schläft, von Kinderstörungen abgesehen, bis der Wecker klingelt. Nach einer Party lässt sie das Cocktailglas stehen und fällt ins Bett. Und zwar allein. Sven räumt das Cocktailglas in die Spülmaschine und bleibt mit sich und seinem Megapenis einsam zurück.

Betrachten wir es nun einmal von der anderen Seite. Annika war in acht Jahren drei Mal schwanger. Mindestens drei Mal muss es zwischen ihr und Sven zum Geschlechtsverkehr gekommen sein.

Allerdings hat sie in der Folge acht Jahre lang immerzu Kinder gestillt und getröstet. Sie hat seit acht Jahren nicht mehr ungestört geschlafen. Die Nächte reichen nicht zum Ausschlafen. Wegen der Störungen, vor allem aber wegen der Tage.

Am Tag lernt jedes Kind ein Instrument, treibt einen Sport und geht Freunde besuchen. Annika organisiert das. Sie bringt, sie holt. Hausschuhe aus, Schuhe an, Jacke an, Mütze an, Schal an, »Gehst du noch mal auf die Toilette?«, »Nein, ich muss nicht«, »Geh zur Sicherheit«, »Nein, ich muss nicht«, »Bitte geh«, »Nein, ich muss nicht«, »Verdammt, jetzt gehst du!« Kinder ins Auto setzten, Kinder anschnallen, Kinder abschnallen, Kinder aus dem Auto heben, Treppen hochtragen. Jacke aus, Mütze aus, Schal aus, Schuhe aus. »Gehst du jetzt bitte auf die Toilette?«, »Nein, ich muss nicht«, »Natürlich musst du«, »Nein, ich muss nicht«, eingepinkelte Hosen ausziehen, Flecken von fremden Teppichen wegwischen, Wasserflasche, geschnippeltes Obst aus Tupperdose, Kinderwagenspaziergänge, Spielplatzbesuche mit Kinderwagen, Supermarktbesuche mit Kinderwagen. Vier Teller, vier Messer, vier Gabeln, vier Gläser auf den Tisch, morgens fünf, da ist Sven dabei, Mittagessen, warm, Abendessen, warm, Frühstück, kalt, warmer Kakao. Obst in Tupperdose schnippeln, Wasserflasche füllen, Windelvorrat in den Wickelrucksack, »Hast du die Zähne geputzt?«, »Bitte kämm dir die Haare«, »Du sollst deinen Ranzen am Abend packen«, »Nimm dem Kleinen nicht das Bobbycar weg«, »Hört auf zu streiten«, »Hört bitte auf zu streiten«, »Hört sofort auf zu streiten«, »Hört bitte sofort auf zu streiten«, »Nein, das größte Stück ist nicht für dich«. Sie denkt an Hausaufgaben, an Ausflüge und Schulprojekte, an Pausenbrote, ans Geld für die Klassenkasse. Das ist der Alltag von Annika. Wenn Sven nach Hause kommt, will er Sex. Aber Annika will nicht. Sie ist zu müde für Svens Megapenis.

»Ich fühle mich wie in Beton gegossen«, sagte Annika, als sie mich neulich besuchte.

»Ich habe keine Lust auf Sex«, sagte Annika.

»Ich hasse Sven, wenn er nach Hause kommt und zu mir ins Bett steigt«, sagte Annika.

»Ich will schlafen«, sagte Annika.

»Ich hasse Svens Penis«, sagte Annika.

Ich hätte jetzt gern nachgefragt. Ob es an der Größe liegt, hätte ich gern gewusst, aber ich hielt mich zurück. Ich erinnerte mich daran, dass ich den Penis von Sven ja gar nicht kenne. Meine Frage hätte sie also verwirrt.

Als Annika neulich bei mir saß, ohne Kinder und ohne Sven, hatte Sven ihr gerade gesagt, dass er seinen Penis lieber in die Scheide einer anderen Frau steckt. Und obwohl Annika Svens Penis hasst, weinte sie.

Frauen haben Sex …
… mit dem eigenen Mann. Aus Höflichkeit.

Vor einer Weile habe ich mal eine Sexumfrage gelesen. Ich weiß, dass Sexumfragen heikel sind, einfach weil nirgendwo so viel gelogen wird wie beim eigenen Sex. Aber an eine Frage und an die Antworten erinnere ich mich gut, weil das, was rauskam, so schrecklich war, dass es unmöglich gelogen sein konnte. Die Frage hieß: »Warum schlafen Sie mit Ihrem Mann?«

Die häufigste Antwort war: »Weil ich meinem Mann meine Liebe zeigen möchte.«

Danach kam: »Weil mein Mann Sex will.«

Dann: »Weil mein Mann nach dem Sex großzügig ist.«

Zum Schluss »Weil ich Lust habe.«

Am meisten beeindruckt hat mich die Topantwort: »Weil ich meinem Mann meine Liebe zeigen möchte.« Ich stelle mir das so vor: Der Mann geht zu seiner Frau und hat Lust. Sie hat keine Lust. Sie will aber nicht sagen: »Hugo, ich hab heute keine Lust«, weil sie das gestern und vorgestern auch schon gesagt hat und weil sie ihn eigentlich liebt und weil sie ihn eigentlich nicht verletzen will und weil es ja eigentlich auch nicht schlimm ist, was er will. Also sagt sie: »Komm rauf.« Ein bisschen wie im Bordell, nur dass es nichts kostet.

Von der Seite der Frau ist das doch pure Höflichkeit. Wie jemandem die Tür aufhalten. Ein kurzer Moment, der glücklich macht.

Charlotte Roche hat in den »Schoßgebeten« beschrieben, wie es ist, wenn die Frau dem Mann mit Sex ihre Liebe zeigen möchte. Es ging um Höflichkeitssex in Perfektion. Ich kann die Szene nicht vergessen. Die Frau, wahrscheinlich die Roche selbst, bereitet darin das Liebesnest vor. Sie macht das ziemlich akribisch, mit Wärmelampen und Vaseline und Tüchern und Laken, und man denkt, da freut sich aber jemand auf das, was gleich kommt. Und dann kommt raus, dass sie eigentlich nicht will. Sie will nicht, sie hat keine Lust, es widert sie sogar ein bisschen an, was er mit ihr machen wird. Dabei macht er gar nichts Besonderes, halt Sex in allen möglichen Varianten, nur dass es bei ihm nicht so schnell vorbei ist wie bei Durchschnittspaaren. Es dauert Stunden. Um damit klarzukommen, versucht sie, es zu bejahen. Sie arbeitet richtig mit, vor allem natürlich penismäßig. Sie findet, dass er ein guter Liebhaber ist. Es gibt nur ein Problem, nämlich, dass sie keine Lust hat. Aber sie bereitet trotzdem das Bett vor. Warum? Weil sie ihn liebt. Weil sie ihn nicht verletzen will. Weil sie ihn nicht verlieren will. Weil sie höflich ist.

Nun zu Magdalena und Max. Magdalena und Max sind seit 17 Jahren verheiratet. Noch sieben Jahre und sie feiern Silberhochzeit. Und nach weiteren 25 Jahren ist die goldene Hochzeit dran. Ich erwähne das mit der goldenen Hochzeit, weil Magdalena mir immer vorrechnet, wie lange es noch dauert bis dahin. Für Magdalena ist die goldene Hochzeit ein magisches Datum, nämlich der Tag, ab dem sie keinen, also gar keinen, Sex mehr mit Max haben muss. Wenn die beiden goldene Hochzeit haben, ist Max 75. Magdalena hat gelesen, dass beim Mann mit allerspätestens 75 der Sexualtrieb verschwunden ist. »Von da an sind wir ›ein schönes altes Paar‹«. Sie sagt, dass sie sich darauf freut.

Ich sehe »schöne alte Paare« auch ganz gern. Wenn sie Hand in Hand über die Straße zuckeln oder im Supermarkt gemeinsam entscheiden, ob es mittags Hühnchen oder Schweinchen geben soll, ist es so, als hätten sie noch nie Sex gehabt. Es sieht wie reine Liebe aus – selbst dann, wenn sie in Wirklichkeit ein total versautes Sexualleben hinter sich haben. Im Alter ist der Trieb dann weg. Die Alten wollen nicht mehr – weder mit dem eigenen Mann noch mit dem Mann der Freundin noch mit der Nachbarin.

Wie gesagt, ich mag alte Ehepaare. Aber um Max tut es mir leid. Er ist groß und mager. Er hat graue Schläfen und blaue Augen. Er sieht einfach verdammt gut aus. Er sieht, um es abzukürzen, wie ein Mann mit Penis aus. Natürlich sieht man nichts, denn Max trägt selbstverständlich Hosen. Die Hosen sitzen gut. Nicht zu eng, sondern so, wie es sich gehört im zivilisierten, geschlechtslosen Alltagsleben. Und trotzdem erwische ich mich immer wieder dabei, dass ich finde, dass er wie ein Mann mit Penis aussieht. Bedauerlicherweise ist Max nur an einer einzigen Frau interessiert. Und zwar ausgerechnet an der einen Frau, die überhaupt nicht an ihm interessiert ist, nämlich an seiner eigenen.

Magdalena ist oft bei mir. Sie ist Lehrerin. Sie denkt viel nach, vor allem über sich. Um sich noch besser zu verstehen, hat sie vor zwei Jahren mit einer Therapie begonnen. Seit sie Therapie macht, spricht sie immerzu über Sex. »Ich schlafe eigentlich gern mit Max.« So fangen unsere Sexgespräche immer an.

»Ich schlafe eigentlich gern mit Max«, sagte Magdalena auch neulich, und ich hätte das gern vertieft. Sie hätte mir zum Beispiel erzählen können, wie es so ist, wenn sie »gern mit Max schläft«. Leider bekam ich keine Einblicke in das Innenleben von Max' Hose und auch nicht in Max' Liebesleben, sondern das: »Ich schlafe eigentlich gern mit Max, aber nach 17 Jahren Wiederholung kann keine Frau der Welt den gleichen Film spannend finden.« Max will einmal in der Woche Sex. Magdalena findet: »52 Wiederholungen pro Jahr – das ist was für Minderbemittelte.«

Bevor Magdalena die Therapie begonnen hat, wusste sie nicht, wie sie ihrem Mann und dessen Wunsch nach Wiederholung entkommen soll. Sie wusste sich nicht anders zu helfen, als einen Streit anzufangen. Manchmal hatte sie dann nach dem Streit ein schlechtes Gewissen und bot von sich aus Versöhnung, also Sex, an. Manchmal hatte sie kein schlechtes Gewissen. Dann schlief Max im Gästezimmer. Jedenfalls hat der Streit immer dazu geführt, dass sie danach selbst über ihre Scheide bestimmen konnte.

Komisch findet Magdalena das: Sie hat nie Lust auf Sex mit Max. Sie schläft nur aus Höflichkeit mit Max. Und dann, wenn sie dabei sind, merkt sie, dass es schön ist, sagt sie. Ab und zu springe auch ein handfester Orgasmus für sie heraus. Selbstverständlich ist Magdalena die Einzige, die sich über den Orgasmus richtig freut. Max geht selbstverständlich davon aus, dass Magdalena immer einen Orgasmus hat. Und sie lässt ihn das selbstverständlich auch weiterhin glauben. Wenn der Höflichkeitssex mit Max vorbei ist, freut sich Magdalena. Nicht, weil sie es hinter sich hat, sondern weil sie sich gut fühlt. Mit Orgasmus sowieso, aber auch ohne.

Noch komischer findet Magdalena das: Eine Woche später, wenn Max wieder ankommt, erinnert sie sich nicht mehr daran. An nichts. Nicht daran, dass es schön war, dass es Spaß machte, auch nicht an den Orgasmus, falls einer dabei war, und auch nicht daran, dass sie sich danach gut fühlte. Sie sieht Max an, der »um mich herumdackelt« (sie sagte wirklich »herumdackelt«), und will nicht. Sie hat wieder keine Lust.

»Ich verstehe mich nicht«, sagt Magdalena.

»Ich verstehe dich auch nicht«, sage ich. Max, wie gesagt, gefällt mir. Ich habe allerdings auch nicht 17 Jahre Wiederholung mit ihm hinter mir. Wenn ich ehrlich bin, würde mir das erste Mal reichen. Das habe ich Magdalena aber nicht gesagt.

In Wahrheit verstehe ich Magdalena doch. Es geht ihr wie Annika. Okay, nicht ganz so schlimm. Sie hat ja nur ein Kind. Aber hormonell sind Annika und Magdalena downreguliert bis auf null. Die beiden gehen damit nur unterschiedlich um. Annika pennt ein. Magdalena hält hin. Wenn auch höchstens einmal die Woche.

Das Schlimmste an dieser Situation ist die Demütigung. Die Demütigung für die Frauen (Stichwort: »Komm rauf«), vor allem aber die Demütigung für die Männer (Stichwort »Gratisbordell«). Das Zweitschlimmste an der Situation ist, dass eigentlich alle leiden. Die lustlosen Frauen leiden an der Lust der Männer. Und, was ich mir viel schlimmer vorstelle, die geilen Männer leiden an den kühlen Frauen. Okay, alle außer Max leiden. Er kriegt seinen Sex ja regelmäßig, und dass er ihn nur deswegen bekommt, weil seine Frau nicht unhöflich sein mag – egal. Am meisten von allen litt vermutlich Sven. Aber dann traf er eine neue Frau, eine mit reichlich Hormon. Es reicht wahrscheinlich für ein bis zwei Jahre. Die Wahrscheinlichkeit, dass auch Max eine Frau mit Hormon suchen geht, ist verschwindend gering. Max ist ein satter Hund, der genüsslich am Gnadenknochen kaut. Kein Grund, das Frauchen zu wechseln.

In ihrer Therapie hat Magdalena etwas Tolles gelernt, nämlich dass sie die Sache mit den Umwegen in Angriff nehmen muss. Ihre Streitlust ist ein Umweg. »Es geht um die Hoheit über meine Scheide«, hat Magdalena gelernt. Ich gebe zu, das ist mir zu intellektuell. Natürlich sage ich Magdalena auch das nicht, denn sie ist sehr schnell beleidigt. Und ich will wirklich vermeiden, dass sie einschnappt, weil sie mir dann sicher gar nichts mehr von Max erzählt.

Jedenfalls: Um besagte Hoheit zurückzukriegen, hat Magdalena eine neue Strategie: Max und sie »verabreden« sich jetzt zum Sex. Am liebsten ist es Magdalena, dass Max ihr schon im Laufe des Vormittags sagt, wenn er abends Sex wünscht. Sie nimmt sich dann maximal zwei Stunden Bedenkzeit und sagt zu. Oder ab. Wenn sie zugesagt hat, gibt es kein Zurück mehr. Das ist Teil der Vereinbarung. Dann wird weder gestritten noch versöhnt noch ins Gästezimmer gezogen, dann wird zur rechten Stunde der Penis in die Scheide gesteckt. Die Therapeutin nennt das Sex auf Augenhöhe.

»Wir haben unsere Beischlafquote gesteigert«, sagte Magdalena kürzlich.

»Aber auch die Wiederholungsquote«, sagte ich und bereute es sofort, denn Magdalena schaute mich böse an. Schaut man so, wenn man gerade die Hoheit über seine Scheide wiedererlangt hat?

Ich habe einen heimlichen Plan. Ich werde mich nächstes Mal nicht mit Magdalena, sondern direkt mit Max verabreden.

Frauen haben Sex …

… mit einem fremden Mann. Und darum guten.

Es wird Zeit für Geschichten von gutem Sex. Das Merkwürdige ist das: Zwischen richtig gutem und richtig schlechtem Sex gibt es eigentlich keinen Unterschied. Um genau zu sein: gar keinen. Null. Es läuft immer und immer und immer auf diese Sache hinaus. Ich wiederhole es zur Sicherheit noch einmal: Der Mann steckt den Penis in die Scheide der Frau.

Okay, das Kleingedruckte unterscheidet sich ein bisschen. Die Sache kann unterschiedlich lange dauern. Bei den einen länger, bei den anderen kürzer. Durchschnittlich dauert es dreieinhalb Minuten, habe ich gelesen. Der Penis kann so oder anders sein. Es kann außerdem romantisch sein, mit Kerzen und Duftöl oder ohne, mit vorher lange knutschen und anfassen oder ohne, mit vorher ewig nackt in den Laken rumwälzen oder einfach angezogen, mit hochgeschobenem Rock und offener Hose. Aber alles das läuft am Ende auf das eine hinaus. Penis, Scheide.

Und trotzdem wäre es nach Strich und Faden falsch zu sagen, dass es keinen Unterschied gibt. Der Unterschied zwischen gutem und schlechtem Sex ist ungefähr so groß wie der Unterschied zwischen einer blauen Piste im Harz und einer schwarzen Piste in den Alpen. Auf beiden Pisten liegt Schnee. Auf beiden Pisten fährt man von oben nach unten bis zum Ziel. Im Prinzip das Gleiche. Im Prinzip! Guter und schlechter Sex ähneln sich im Prinzip sogar noch viel mehr als eine blaue und eine schwarze Piste. Im Prinzip. Aber das, was dabei passiert, unterscheidet sich trotzdem sehr, sehr viel mehr, als eine blaue von einer schwarzen Piste.

Darauf will ich hinaus: Es kommt nicht darauf an, wie es gemacht wird. Es kommt darauf an, mit wem es gemacht wird. Es kommt auch nicht darauf an, wie lange es gemacht wird, sondern es kommt darauf an, zum wievielten Mal es gemacht wird. Ich merke, dass das Beispiel mit den Pisten nicht deutlich genug erklärt, was ich meine.

Darum möchte ich von meiner Freundin Jule erzählen. Jule ist seit elf Jahren mit Fred verheiratet. Ein wirklich schönes Paar. Hübsch, klug, schlank, sportlich. Und Geld haben sie auch noch. Alles perfekt.

Aber Jule ist meine Freundin, darum weiß ich mehr. Ich weiß: Drei Monate lang hatten Jule und Fred richtig tollen Sex, zwei Jahre hatten sie guten Sex. Seit acht Jahren haben sie Höflichkeitssex, und seit ungefähr vier Monaten hat Jule außerdem wieder richtig tollen Sex.

Den richtig tollen Sex hat Jule heimlich, mit ihrem Physiotherapeuten. Den kennt sie seit einem Jahr. Sie hatte Rückenprobleme. Die waren nur mit Physiotherapie auszuhalten. Die Rückenschmerzen wurden dann besser. Aber Jule ging weiter zur Physiotherapie – zweimal in der Woche.

Der Physiotherapeut gefiel ihr. Es ist gar nicht so leicht zu verstehen, was sie an dem Mann fand. Jule fand ihn weder schön noch klug. Reich war er auch nicht. Er war kleiner, unsportlicher, dümmer und ärmer als Fred. Das Schöne war, dass der Mann fremd war. Es war ein fremder Mann, und er fasste sie an.

»Der Typ hat Hände«, sagte sie und verdrehte die Augen.

»Wie der mich anfasst«, sagte sie.

»Der tut mir so gut«, sagte sie.

»Ich glaube, ich bin verknallt«, sagte sie. Mehr sagte sie nicht. Wie gesagt, Frauen reden erst über Sex, wenn er nervt.

Eines Tages erzählte sie nichts mehr von ihrem Physiotherapeuten, und da wusste ich, dass es passiert war. Penis in Scheide.

Natürlich war es dann eines Tages so weit, dass sie doch reden musste. Sie schwärmte noch immer. Wie herrlich es war mit ihm.

»Was macht ihr denn?«, fragte ich.

»Wilden Sex«, sagte Jule.

»Etwa akrobatisch? Oder besondere Sauereien?«, fragte ich. Ich hätte es gern gewusst.

Sie tippte sich an die Stirn und sagte, dass ich offensichtlich nichts verstehe. »Es ist einfach nur guter Sex«, sagte sie.

»Kann er es besser als Fred?«, fragte ich.

»Viel besser«, sagte Jule.

»Was macht er denn genau«, fragte ich, weil ich immer alles ganz genau wissen muss. Es hätte ja sein können, dass sie Details verrät.

»Er macht gar nichts Besonderes. Es ist etwas Besonderes, weil es nicht so langweilig ist«, sagte Jule.

Da haben wir es. Jule war eine schwarze Piste runtergefahren.

»Pass auf!«, sagte ich, die besorgte Freundin. Aber insgeheim beneidete ich sie um ihr Abenteuer und überlegte ernsthaft, ob mir eine Physiotherapie nicht auch ganz gut tun würde.

Natürlich konnte die Geschichte kein gutes Ende nehmen. Nach drei Monaten stand es schlecht um Jule. Sie schwärmte nicht mehr nur von den Händen ihres Physiotherapeuten, sie hatte sich in ihn verliebt. Das war nicht geplant und nicht beabsichtigt. Geplant war nur ein bisschen Abwechslung. Passiert ist das: Er hatte wirklich nur den Penis in ihre Scheide gesteckt, aber das Gefühl, das es auslöste, war in der Herzregion angekommen. Jetzt hatte Jule ein Problem. Jule liebt Fred immer noch. Sagt sie. Aber es klingt ein bisschen wie eine Beschwörung flüchtiger Geister.

Sie gibt sich große Mühe, Fred nichts merken zu lassen. Sie gewährt ihm weiterhin den gewohnten Höflichkeitssex. Zweimal in der Woche, in Missionarsstellung. Und Fred, der schöne, kluge, sportliche, reiche Fred, pennt danach ein wie ein satter Hund, der mit dem Gnadenknochen fertig ist. Er ist ein glücklicher, kleiner Junge, der ahnungslos einschläft, während Jule noch lange wach neben ihm liegt, ohne die geringste Empfindung für ihren Mann, und an den nächsten Tag denkt, weil sie dann mit Herzklopfen zur Physiotherapie laufen kann.

Frauen haben Sex …

… mit einem geträumten Mann. Und darum perfekten.

An dieser Stelle muss nicht mehr lange drum herum geredet werden, was guter Sex ist für eine Frau: Guter Sex ist fremder Sex.

Soweit die Theorie. In der Praxis kenne ich niemanden, der sich das leisten kann. Bis auf Jule haben alle Frauen, die ich kenne, irgendwann aufgehört, fremden Sex zu suchen. Sie haben Männer zum Heiraten gesucht und die unausweichliche sexuelle Langeweile mitgeheiratet. Warum Frauen das tun, also heiraten und Abschied nehmen vom Abenteuer, ist kein besonders schweres Rätsel. Es gibt zwei Gründe. Der eine Grund ist Sicherheit. Der andere Grund sind Kinder.

Ganz sicher kein Grund zum Heiraten ist Sex. Um Sex zu haben, heiraten heutzutage nicht einmal mehr Katholiken. Vielleicht heiraten noch schiitische Moslems, um an Sex heranzukommen, aber selbst bei denen habe ich meine Zweifel. Allerdings kenne ich nicht genügend schiitische Moslems, um mir ein Urteil zu erlauben.

Bei den anderen ist es so, dass die Hochzeit einige Probleme löst und dafür neue Probleme schafft. Der Grund ist das Ewigkeitsversprechen.

Ewigkeit ist ein Vorteil, jedenfalls bei der Kindesaufzucht und der Sicherheit. Für den Sex ist die Ewigkeit der langsame Tod. Das Einzige, was Frauen schützt, ist Nichtheiraten. So wie die Freundin meiner Freundin. Sie ist 37 Jahre alt, also eigentlich schon zu alt zum Heiraten und Kinderkriegen.

Die Freundin meiner Freundin ist eine große, braunlockige Intellektuelle mit einer Riesenklappe. Neun von zehn Männern haben vor ihr Angst. Aber der eine, der keine Angst hat, fühlt sich richtig angestachelt. Der will es ihr zeigen. Mit Turbosex. Tag und Nacht. Am Anfang ist das immer toll. Aber ziemlich oft endet es in einer Katastrophe. Wie gesagt, meine Freundin erzählt mir alles, was ihre Freundin erlebt. Hier einige Highlights:

*Sie fing was mit ihrem verheirateten Chef an. Sie trieben es immerzu und überall. Sogar auf dem Herrenklo im Büro. Irgendwann kriegte der Chef Angst, dass sie ihn verpetzen würde. Die ganze Geschichte bekam etwas Dauerpeinliches. Darum kündigte die Freundin meiner Freundin ziemlich bald.

*Sie fand sehr schnell eine neue Stelle und fing dort was mit einem Praktikanten an, der fünfzehn Jahre jünger war. Schon nach einer Woche verstand sie nicht mehr, was sie eigentlich an dem Praktikanten toll gefunden hatte, darum machte sie Schluss. Der Praktikant war aber so verliebt und so verzweifelt, dass er nun immerzu Aussprachen und zweite Chancen forderte. Sie kamen beide kaum noch zum Arbeiten, und die Sache begann die Kollegen zu nerven, denn Kollegen lieben es nicht, wenn Kollegen im Büro mit Geschlechtsorganen herumlaufen. Aber der Praktikant drehte durch. Eines Tages hat er sie in der Teeküche gestellt und versucht, ihr zu zeigen, was für ein Kerl er ist. Er presste sie an die Wand und steckte ihr seine Zunge in den Mund. Aber er erreichte genau das Gegenteil von dem, was er erhofft hatte. Sie schnappte einen Teller mit vertrocknetem Kuchen, der in Reichweite ihres Arms stand, und haute ihn dem Praktikanten über den Kopf. Der Teller ging kaputt, der Praktikant schrie. Er schlug nach der Freundin meiner Freundin. Die schrie dann auch. Es war ein Riesenlärm. Der Praktikant blutete, das Blut tropfte auf die Kuchenkrümel am Boden. Kollegen kamen gerannt. Es war sehr peinlich, obwohl keiner der Anwesenden nackt war.

*Sie fing was mit einem Profiboxer an. Der hatte Riesenmuskeln. Er nahm sie direkt mit zu sich nach Hause in seine tolle Villa mit zwei scharfen, großen Hunden. Dort stellte sich dann heraus, dass der Profiboxer einen mickrigen Penis hatte. Darum benutzte er Gegenstände und wollte der Freundin meiner Freundin beim Kommen zusehen. Er wollte, dass sie immerzu kam, sie konnte aber nicht – ohne Penis. Der Boxer holte immer neue Gegenstände. Um ihn mit seinen Riesenmuskeln nicht zu verärgern, tat sie dann einfach so, als würde sie kommen, was dem Profiboxer gefiel. Er ließ sie eine Nacht und einen Tag nicht gehen, er wollte immer mehr. In der zweiten Nacht schlief er dann ein, mit einer Salatgurke in der Hand. Sie zog sich leise an, stieg aus dem Schlafzimmerfenster und rannte um ihr Leben.

*Sie fing etwas mit einem Abgeordneten der Grünen an, den sie in der Lützowbar kennengelernt hatte. Ein Macho mit herrlichem Schnauzbart. Einen Monat lang war es richtig toll, und sie sprach von Liebe und, ja, vom Heiraten. Dann war er plötzlich verschwunden. Er machte nicht Schluss, sondern meldete sich einfach nicht mehr. Beantwortete weder Mails noch Anrufe noch SMS. Nach ein paar Tagen sah sie ihn in der Lützowbar wieder, aber da knutschte er schon mit einer anderen.

*Sie fing was mit einem 70-Jährigen an. Der hatte fetten Schotter. Er war außerdem total verliebt in sie, aber leider fast genauso total impotent. Sie versuchte alles. Porno, Viagra, Oralsex. Es brachte ein bisschen was, aber nicht genug. Als sie ihn und sein Geld verließ, weinte der Alte.

*Sie fing was mit einem ganz normalen Typen an. Nicht prominent, nicht verheiratet, nicht pervers, nicht alt. Sie blieb für ihre Verhältnisse ziemlich lange bei ihm. Es sah schon nach Ewigkeit aus, und ich fürchtete, dass sie den Typen am Ende auch noch heiraten würde. Das wäre dann das Ende der guten Sexgeschichten gewesen. Aber sie tat es nicht. Nach einem Jahr hatte sie genug. Der Grund: Es wurde langweilig. Darum tat sie, was verheiratete Frauen nicht tun können: Sie ging einfach weg.

Solche Sachen erlebt die Freundin meiner Freundin. Wenn sie eine Großmutter hätte, wie ich sie hatte, dann hätte die ihr wahrscheinlich schon klargemacht, auf welcher Bahn sie sich befindet, nämlich auf der schiefen. Und wo die schiefe Bahn hinführt, nämlich in die Gosse.

Na klar, ich bin neidisch.

Und ich schweife ab. Die Überschrift hatte was anderes versprochen. Sex mit geträumten Männern. Bitte schön, hier kommt's.

Sex mit geträumten Männern ist noch besser als echter Sex mit neuen Männern. Es ist der allerallerbeste Sex, den eine Frau haben kann. Und das noch Tollere daran ist, dass jede Frau ihn hat. Ich jedenfalls kenne keine Frau, die diese Typen nicht kennt: Sie kommen nachts vorbei, wenn wir schlafen. Sie fragen nicht. Sie machen einfach und schweigen. Sie sehen manchmal gut aus, aber manchmal haben sie auch gar kein Gesicht. Darauf kommt es nicht an. Manchmal haben sie ein bisschen was an und manchmal kommen sie nackt. Was sie im Gegensatz zu den Männern im Büro selbstverständlich immer, wirklich immer haben, ist ein Penis.

Ich werde mich jetzt, kurz vor Ende des Kapitels, nicht gehenlassen, um irgendeinem hungrigen Voyeur unter den Lesern Futter zu liefern. Die meisten wissen sowieso, was abgeht, wenn die fremden Männer kommen. Weil sie sie gut kennen.

Es ist ein unschuldiges Vergnügen. Sogar dann ist es unschuldig, wenn das, was die mit uns machen – im Kino, unter dem Tisch der Familienfeier, im Aufzug, in der voll besetzten

Gemischtsauna, im Schaufenster des KaDeWe oder mitten auf der Bühne des Bayreuther Opernhauses –, richtige Schweinereien sind. Auch dann ist es unschuldig, wenn es wehtut, wenn es blutet, wenn es demütigt, wenn es die Augen verbindet und die Hände und Füße fesselt.

Es ist unschuldig. Und der Moment des Erwachens ist immer ein bisschen traurig.

Schlussbemerkung

Ich gehe davon aus, dass ich mir mit diesem Kapitel viele Freundinnen mache, aber auch den einen oder anderen Einwand zu hören kriege. Und zwar von den Frauen, die gar keine Sexprobleme haben. Und von den Frauen, die andere Sexprobleme haben. Meine Freundin Judith machte mich dankenswerterweise auf das Folgende aufmerksam: Der Höflichkeitssex hat viele Abstufungen: Den Bitte-ich-will-schlafen-und-keinen-Streit-Sex. Den Ich-habe-keinen-Bock-auf-Vorwürfe-und-schlechte-Stimmung-Sex. Oder den Ich-habe-zwar-den-ganzen-Abend-mit-einem-anderen-geflirtet-aber-jetzt-habe-ich-ein-schlechtes-Gewissen-Sex. Weitere Vorschläge? Bitte schreiben Sie mir, ich bin dankbar für Input für ein weiteres Buch.

DIE WAHRHEIT ÜBER
MÜTTER UND TÖCHTER

Warum Frauen ihre Mama fast immer lieben

Neulich hatte Nele Geburtstag. Sie wurde 43 und brauchte unseren Beistand. Es war eine schöne Party mit 12 Frauen, zehn Männern und acht Kindern. Wir tanzten bis Mitternacht. Dann machten die Kinder schlapp, und wir gingen nach Hause. Nicht spektakulär, aber schön. Am Montag danach trafen sich fünf von Neles Gästen im Büro wieder. Vier Frauen und ein Mann. Sie verabredeten sich zum Mittagessen. Eigentlich wollten sie die Party noch einmal durchgehen. Wer sah am schlechtesten aus, welches Pärchen schien vor der Scheidung zu stehen, welches Kind war vermutlich verhaltensgestört – die üblichen Fragen. Doch es kam anders. Zufällig hatten alle gerade Stress – mit Mama. Und so kam es, dass am Montag nicht über die Party, sondern über sechs Mütter geredet wurde. Das Ergebnis: sechs Geschichten, sechs Protokolle.

Johanna

Sonntag gegen drei klingelte das Telefon. Ich stand gerade am Herd und passte auf eine Bratpfanne mit Hühnerbrüsten auf. Meine Kinder lieben gebratene Hühnerbrüste. Das Kartoffelpüree war schon fertig. Kartoffelpüree, Hühnerbrüste und Spinat ist das Lieblingsessen meiner Kinder. Wir essen es sehr oft. Es ist ein bisschen eintönig, aber verglichen mit früher ist es schon ein Riesenfortschritt. Bevor meine Kinder die Hühnerbrüste als essbares Lebensmittel entdeckten, haben sie sich von Nudeln ernährt. Die ganze Familie aß Nudeln. Ohne Spinat und ohne Fleisch. Ohne Soße. Ohne alles.

Als das Telefon klingelte, waren die Hühnerbrüste fast fertig. »Meine Hühnerbrüste verbrennen mir jetzt nicht«, dachte ich und beschloss, nicht ranzugehen. Aber das Telefon hörte nicht auf zu klingeln. Ich zählte: Es klingelte genau 30-mal. Als es verstummte, waren die Hühnerbrüste gut. Sie mussten schnell aus der Pfanne.

Zehn Sekunden später begann mein Handy zu klingeln. Und jetzt wusste ich, wer versuchte, mich zu erreichen: Mutti. Mutti probiert immer alle meine Telefone durch, und sie lässt es immer durchklingeln.

Ich wurde panisch. Ich musste ans Telefon. Ich wollte keinen Stress mit Mutti. Also schaufelte ich die Hühnerbrüste aus der Pfanne und lief los. Das Handy klingelt nur siebenmal, bevor es den Anrufer aus der Leitung schmeißt, und wenn es Mutti aus der Leitung schmiss, war der Sonntag im Eimer. Noch dreimal – nein, am Ladekabel war es nicht. Noch zweimal – nein, in der Handtasche war es auch nicht. Nur noch einmal – ich rannte zum Garderobenschrank, fummelte hektisch in meiner Jackentasche herum, erwischte das Handy während des siebenten Klingelns.

»Hallo Mutti«, schrie ich in die Leitung.

»Ach, jetzt gehst du ja doch ans Telefon«, sagte Mutti. »Ich dachte schon, du willst nicht mit mir sprechen.« Offenbar war ich wohl doch nicht schnell genug am Handy gewesen. Ich hätte gern ein bisschen gestöhnt. Aber es ist klüger, sich jede Kritik zu verkneifen.

»Wieso sollte ich nicht mit dir sprechen wollen?«, fragte ich stattdessen. Ich gab mir Mühe, damit meine Stimme möglichst harmlos, freudig, überrascht und nicht genervt klang.

»Weil du nicht ans Telefon gehst! Wo bist du eigentlich?«

»Ich bin zu Hause.«

»Nein, du bist nicht zu Hause, ich habe dich gerade zu Hause angerufen und du bist nicht ans Telefon gegangen.«

»Glaub mir, ich bin zu Hause. Ich habe das Telefon gehört, aber ich konnte nicht rangehen«.

»Wieso nicht? Wolltest du etwa doch nicht mit mir sprechen?«, fragte Mutti.

Ich hätte jetzt wirklich sehr gern gestöhnt. Ich verdrehte die Augen. Das konnte Mutti ja nicht sehen.

»Dochdoch, Mutti, klar will ich mit dir reden. Ich koche nur gerade Mittagessen, und ich wollte es nicht anbrennen lassen.«

Das hätte ich nicht sagen sollen.

»Esst ihr etwa jetzt erst zu Mittag? Es ist doch schon nach drei!«

Mutti ist der Meinung, dass man um zwölf Uhr zu Mittag isst, und das weiß ich auch. Anständige Leute essen um zwölf zu Mittag, spätestens um eins. Um halb zwei geht gerade noch so. Danach endet die Toleranz. Danach zu essen findet Mutti falsch.

»Mittag isst man mittags«, sagte sie jetzt. Das sagt sie immer. Denn Mutti findet alles richtig, was schon immer richtig war, und das weiß ich auch. Ich hätte ihr etwas anderes erzählen sollen. Aber mir war in der Hühnerbrust-Hektik keine gute Antwort eingefallen. Und nun war es zu spät.

»Du hast recht, es ist wirklich sehr spät. Wir essen normalerweise auch viel früher.«

Das war gelogen. Ich hätte alle Lügen der Welt erzählt, um zu verhindern, dass Mutti jetzt die Geschichte ihrer Großtante Herta erzählte. Ich hab sie eine Million Mal gehört. Großtante Herta ist das schwarze Schaf unserer Familie. Über Großtante Herta hat früher (wann eigentlich?) das ganze Dorf geredet, weil sie immer erst um vier Mittagessen kochte.

»Also mir kann es ja egal sein. Ich denke nur an die Kinder. Die haben doch Hunger.«

»Neinnein, haben sie nicht. Wir haben ja erst um halb elf gefrühstückt.«

»O Gott«, sagte Mutti. »Um halb elf? Dann ist es kein Wunder, dass man erst um drei Mittagessen kocht. Und die Kinder? Haben die Kinder etwa auch bis elf aufs Frühstück warten müssen?«

»Halb elf«, sagte ich und überlegte, ob ich einen Hustenanfall vortäuschen solle, um das Gespräch zu beenden. Aber ich bin nicht gut im Hustenanfälle-Vortäuschen.

»Neinnein, Mutti. Niemand hat aufs Frühstück warten müssen, niemand hat gehungert.«

»Was habt ihr denn den ganzen Morgen gemacht?«, wollte Mutti nun wissen.

»Gar nichts. Wir haben bis zehn geschlafen!«

Das war jetzt wieder nicht die Antwort, mit der ich Mutti die Sorge nehmen konnte. Mutti ist immerzu in Sorge. Vor allem sorgt sie sich, dass ihre Tochter ein lotterhaftes Leben führen könnte.

»Wieso schlaft ihr denn sooo lange?«, fragte Mutti.

Es hatte keinen Sinn zu leugnen. Im Leugnen bin ich genauso schlecht wie im Hustenanfälle-Vortäuschen. Und mal ehrlich, hab ich das nötig? Hab ich was zu verbergen? Hab ich nicht recht? Ich beschloss, mich zu meiner Lotterhaftigkeit zu bekennen. »Mutti, wir sind gestern erst sehr spät ins Bett gegangen.«

»Auch die Kinder?«, fragte Mutti.

»Ja, auch die Kinder«, sagte ich.

»Wieso lässt du die Kinder denn so lange auf …?«

»Sie konnten ja nicht früher ins Bett«, sagte ich. »Wir waren noch bei Freunden eingeladen und sind erst kurz vor Mitternacht nach Hause gekommen.«

»Auch die Kinder?«, fragte Mutti. In ihrer Stimme schwang pures Entsetzen. Ihre Tochter riss ihre Enkel mit hinein in den Sumpf der Lotterhaftigkeit.

»Ja«, sagte ich in gespielter Gelassenheit. »Auch die Kinder.«

Mutti ist eine sehr fürsorgliche Mutter. Und sie ist eine noch viel fürsorglichere Großmutter. Bei ihren Enkeln, also meinen Kindern, hört für sie der Spaß auf. Es ist nicht so, dass Mutti nicht wüsste, dass ihre Tochter erwachsen ist. Schon ziemlich lange ziemlich erwachsen. Bevor ich die Kinder hatte, hielt sich Mutti richtig diskret raus aus meinem Leben, obwohl ich damals auch nicht früher ins Bett ging und mittags überhaupt kein Mittagessen kochte.

Aber als ich dann mit meiner eigenen Familie anfing, da war es irgendwie aus mit Muttis Raushalten. Warum soll sich auch eine Großmutter raushalten, wenn ihre Tochter ihr Enkel schenkt? Ich finde, dass sie recht hat. Es gibt 1000 Gründe, sich zu beteiligen, wenn man plötzlich Enkelkinder bekommt. Das findet auch Mutti. Leider sind ihre 1000 Gründe andere 1000 Gründe als meine 1000 Gründe.

»Aber die Kinder brauchen ihren Schlaf!«

»Den haben sie ja auch bekommen. Wir haben ja alle bis zehn Uhr geschlafen. Heute ist Sonntag.«

»Also wirklich … Bis zehn in den Betten liegen. Ihr vertrödelt ja den ganzen Tag. Jetzt sind die Kinder bestimmt sehr müde.«

»Ist doch egal, es ist ja Sonntag.« Natürlich ist es Mutti nicht egal. Aber jetzt hatte ich plötzlich Lust, sie zu provozieren.

Mutti rächte sich: »Musst du denn wirklich immerzu ausgehen? In deinem Alter.« In meinem Alter. Das saß.

»Wir waren zum Geburtstag von Nele eingeladen, wenn du nichts dagegen hast. Nele ist in meinem Alter.«

»Und warum schleppst du die armen Kinder mit?«

»Die Kinder waren mit eingeladen. Es waren mindestens zehn andere Kinder da, alle ungefähr gleich alt. Es war wunderbar, und sie sind schon auf dem Heimweg im Auto eingeschlafen. Und jetzt haben sie Hunger.«

Dann erklärte Mutti mir, dass Kinder früher nie mitkamen, wenn die Eltern eingeladen waren. Dann erklärte ich Mutti, dass heute alle Eltern ihre Kinder mitbringen, wenn sie eingeladen sind.

»Du glaubst wohl, wir hätten früher alles falsch gemacht?«, fragte Mutti.

»Nein, du glaubst, dass wir heute alles falsch machen.« Das war der Moment, an diesem Sonntag, von dem ab man unser Telefongespräch einen Streit nennen konnte.

»Ich kann sagen, was ich will! Alles findest du falsch«, sagte Mutti, »du kritisierst mich immerzu.«

»Mutti, jetzt bleib mal locker. Ich hab dich nicht kritisiert. Du hast mich kritisiert!«

»Ich mache mir nur Sorgen wegen der Kinder.«

»Es sind meine Kinder.« Das war schon richtig geschrien.

»Es sind meine Enkelkinder.«

»Es sind meine Kinder. Das zählt mehr.«

»Trotzdem brauchen sie ihren Schlaf und einen geregelten Tag. Und nicht Mittagessen um vier wie damals bei meiner Großtante Herta. Über die hat früher schon das ganze Dorf gelacht.

»Ja, früher!«

»Du glaubst wohl, dass das heute auch anders ist als früher?«

»Keine Sau in ganz Berlin interessiert sich dafür, wann ich Mittagessen koche.«

»Dachte meine Großtante auch.«

»Bitte verschon mich mit deiner Großtante.«

»Du verbietest mir den Mund.«

»Nein.«

»So hätte ich mal mit meiner Mutter reden sollen. Sprichst du so auch, wenn die Kinder dabei sind?«

»Hör zu, Mutti, die Kinder haben ihren Schlaf gekriegt. Sie haben Frühstück gekriegt, aber jetzt verhinderst du es gerade, dass sie mittagessen können. Ich möchte meine Kinder wirklich nicht verhungern lassen.«

»Ach, jetzt bin ich schuld?«

»Du mischst dich in alles ein.«

»Sei doch froh, dass sich jemand um dich sorgt.«

»Ich bin erwachsen. Ich sag Bescheid, wenn ich Ratschläge will.« Das war wieder geschrien. Ich hatte Mutti angeschrien. Jetzt war der Streit da und auch die Schuldige. Ich war schuldig, denn ich hatte geschrien.

»Na gut, dann sage ich eben gar nichts mehr.«

»So hab ich es nicht gemeint.«

»Schon gut. Mach, was du willst.«

»Ach, Mutti.«

»Aber komm später nicht zu mir und beklag dich, wenn die Kinder auf die schiefe Bahn geraten sind.«

Ich hörte an ihrer Tonlage, dass bei ihr gleich Tränen fließen würden. Das verstärkte meine Schuld.

»Nein, Mutti, sie geraten nicht auf die schiefe Bahn.«

Schweigen.

Irgendwann legten wir auf. Ich deckte den Tisch mit kaltem Kartoffelpüree und kalten Hühnerbrüsten. Als ich die Familie zum Mittagessen rief, war es ziemlich genau vier Uhr. Mutti hat recht. Es ist ein Lotterleben.

Und ich weiß bis jetzt nicht, warum Mutti mich eigentlich angerufen hatte.

Clarissa

Als wir vorgestern Nacht von Neles Party kamen, war die Küche geputzt. Die Reste vom Abendessen lagerten in Tupperdosen im Kühlschrank. Die Tupperdosen waren beschriftet. Die Betten waren gemacht. Sie waren auch frisch bezogen. Neue Laken auf den Matratzen. Die alte Bettwäsche hing auf der Leine. Sie roch nach Rosen und Karibik, und ich steckte sie gleich wieder in die Waschmaschine, damit das Aroma verschwand.

Sie weiß, dass ich Weichspüler hasse. Aber sie behauptet, dass sie es vergisst. Weil sie Weichspüler so sehr mag und sich nicht vorstellen kann, was man dagegen haben kann. Auf der Waschmaschine stand eine Plastikflasche mit violettem Inhalt. Das waren die Karibikrosen. Von Aldi, vermute ich. Sie hat die Flasche für mich dagelassen. Während die Waschmaschine den Vollwaschgang startete, um die gewaschene Bettwäsche noch einmal zu waschen, ließ ich den Weichspüler ins Klo gluckern. Das war ein saugutes Gefühl. Ein Liter kationische Tenside im Wasserkreislauf – ihretwegen. Aber das war es wert.

Während der Flascheninhalt im Klo verschwand, versuchte ich mich zu erinnern, wie viele Flecken unser Laken gehabt hatte. Ich stellte sie mir vor, wie sie vor unserem Bett stand, die Decken wegzog, die Flecken entdeckte und dann den Kopf schüttelte. Ich stellte mir vor, was sie gedacht hatte. »So was tut man doch nicht.« Das hatte sie früher immer gesagt. Okay, das war mehr als 20 Jahre her, aber ich kann mir ihr Verhältnis zum Sex einfach nicht anders vorstellen.

Sofort überlegte ich eine Geschichte, die ich ihr bei Gelegenheit erzählen würde. Etwas von Milchkaffee im Bett. Und von Ökowaschmittel, das die Flecken nicht rauskriegt.

Im Bad waren die Schränke aufgeräumt. Und umgeräumt. Alle Handtücher auf Kante gelegt, alle Flaschen sortiert. Links Shampoo und Duschgel, rechts Deos, Parfüms und Haarsprays. Einige Flaschen fehlten. Vermutlich hatte auch ihr Inhalt den Weg ins Abwasser gefunden.

Bevor ich ins Bett ging, wollte ich meine Pille nehmen, fand sie aber nicht. Ich suchte eine Viertelstunde. Ich versuchte mich zu erinnern, wie viele Antibabypillen noch in der Packung gewesen waren, und kam zu der Überzeugung, dass die Packung fast leer gewesen sein muss, dass die Beschriftung also schon ziemlich hinüber gewesen sein musste. Unleserlich für sie. Gleichzeitig dachte ich mir eine Geschichte aus, die ich ihr bei Gelegenheit erzählen würde. Etwas von Migräne und einer hormonellen Behandlung. Ich finde, dass sie nicht wissen muss, dass ich die Pille nehme.

Hannes stand ungläubig vor seinem Schlafzimmerschrank. Wie er so dastand, mit weit aufgerissenen Augen, befürchtete ich schon das Schlimmste. So wie damals, aber das ist jetzt schon drei oder vier Jahre her. Da war ich eine Woche weg, Dienstreise. Er war also ganz allein und einsam ohne mich. Dachte sich auch meine Mutter. Und kam vorbei, um ihm »unter die Arme zu greifen«, wie sie es nennt. Sie klingelt natürlich nicht, wenn sie reinkommt. Sie hat ja einen Schlüssel. Und früher hat man ja auch nicht geklingelt, wenn man die Familie besuchte, auf dem Dorf. Sie stürmte also mit dem Putzeimer ins Bad, aber sie kam nicht weit. Er stand gerade am Klo, mit heruntergelassener Hose, sein bestes Stück freigelegt. Und er hofft bis heute, dass sie denkt, dass er gerade am Pinkeln war. Und sie findet bis heute, dass ich ihm verbieten soll, im Stehen zu pinkeln. Seitdem ist die Chemie zwischen den beiden gestört.

Diesmal war es nicht ganz so schlimm. Aber Hannes stand da und glotzte in den Kleiderschrank, als hätte sie sich darin versteckt. Hatte sie aber nicht. Sie hatte seine Unterhosen gebügelt und nach Farben sortiert. Die Socken waren zu gleichmäßigen Knödeln zusammengerollt und in ein Plastikkörbchen gestapelt, das ich noch nie in unserem Haushalt gesehen hatte.

Er machte ein Riesentheater. Ich solle ihr den Schlüssel wegnehmen. Aber sie braucht den Schlüssel, wenn sie die Kinder von der Schule abholt, sagte ich. Ich solle ihr verbieten, die Wohnung zu betreten, wenn keiner da ist. »Aber wer füttert die Katze, wenn wir im Urlaub sind?«, fragte ich. Ich soll Schlösser in die Schränke einbauen. »Aber wie soll sie dann unsere Wäsche bügeln? Eine Putzfrau haben wir ja nicht«, sagte ich.

Dann riss er seine Unterhosen und Socken aus dem Schrank und wollte die alte Unordnung wiederherstellen. Er schrie: »Deine Mutter ist geisteskrank.«

Ich wurde wütend. Ich darf das sagen. Dass meine Mutter spinnt. Dass sie sich in Sachen einmischt, die sie einen Scheißdreck angehen. Und dass sie geisteskrank ist, darf ich auch sagen. Aber nicht er. Wenn er das sagt, finde ich sofort, dass er unrecht hat. Dann muss ich sie verteidigen. Auch wenn er 100 Prozent recht hat. Auch wenn ich fünf Minuten vorher das Gleiche gesagt habe wie er.

Ich schrie ihn an. Volle Kanne. »Der Geisteskranke – das bist du«. Außerdem ein Pascha, ein Idiot, ein Chaot, ein Macho. Darauf er: »Du bist genauso geisteskrank wie deine Mutter.«

»Lass meine Mutter in Ruhe«, schrie ich. »Sie hat aufgeräumt. Endlich System. Ordnung.« Dafür solle er gefälligst dankbar sein. Und alles für umsonst. Für eine Putzfrau sei ja kein Geld übrig. In diesem Moment wurde mir klar, wie sehr ich mich eigentlich nach Ordnung sehne.

»Ich hasse dein Chaos«, schrie ich. Daraufhin warf er drei Sockenknödel nach mir. Einer traf mich am Fuß, einer traf die Katze, und der dritte warf die Nachttischlampe um. Sie fiel auf den Boden und zerbrach. Es war keine besondere Lampe, aber als ihre Splitter dalagen, fand ich, dass es unsere schönste gewesen war, und hasste den Mann, der sie zerstört hatte, noch ein bisschen mehr. Die Kinder wachten auf und fingen an zu heulen. Ich bekam Kopfschmerzen. Ich ging zum Apothekenschrank und wollte eine Ibu holen. Ich fand keine, dafür aber meine Pille. An einem Ort, wo sie nie liegt und wo ich sie nicht vermute. Weil sie dort nicht hingehört. Ich beschloss, die Pille nicht zu nehmen. Nicht heute, nie wieder.

Ein Mann, der mich mit Socken bewarf, verdiente keine Interaktionen, vor deren Folgen man sich mit einer Pille schützen müsste.

Weil ich keine Ibu fand und Hannes, den ich gerade rechtschaffen hasste, auch nicht fragen wollte, ob er mir beim Suchen half, ging ich mit Kopfschmerzen ins Bett. »Meine Mutter ist geisteskrank«, dachte ich vor dem Einschlafen. Bedauerlicherweise hatte ich jetzt niemanden mehr, dem ich diese Erkenntnis mitteilen konnte. Ich fühlte mich einsam und unverstanden. Und wenn ich ehrlich bin, hätte ich jetzt sehr gerne meine Mutter angerufen. Meine Mutter ist die Einzige, mit der ich über alles reden kann. Wenn wir uns nicht gerade gestritten haben.

Cornelia

Ehrlich gesagt habe ich den ganzen Abend bei Nele wie auf Kohlen gesessen. Ich hatte Angst, dass meine Mutter Blödsinn machen würde. Ich kann meine Mutter nicht allein lassen. Immer, wenn ich sie allein lasse, stellt sie was an.

Meine Mutter ist Bäuerin, also eine, die auf einem echten Bauernhof arbeitet. Also nicht Urlaub auf dem Bauernhof mit Tiere streicheln und frischer Landmilch auf dem Frühstücksbuffet. Sondern leben. Mit früh aufstehen und Hände dreckig machen und mit einer Überdosis frischer Luft.

Es ist schön dort. Ich bin da aufgewachsen. Sie wissen dort nicht viel von der Welt. Sie kennen nicht den Unterschied zwischen Latte macchiato und Cappuccino. Sie wollen es auch gar nicht wissen. Die Jungen hauen ab. Die Alten kennen die Welt aus dem Fernseher.

Meine Mutter kann wirklich alles. Melken und schmieden und reparieren und schlachten. Wollpullover stricken, Mähdrescher fahren und einen Iglu bauen. Nur eins kann sie nicht: Nichtstun. Abhängen. Faul sein. Das Leben genießen. Ich glaube, sie mag Berlin deswegen nicht, weil hier keiner etwas mit ihren Talenten anfangen kann. Es interessiert hier niemanden, was sie alles kann.

Seit vier Tagen ist meine Mutter zu Besuch, und ich hatte mich wirklich drauf gefreut. Ich wollte mit ihr shoppen gehen, ein bisschen was sehen, Kultur und so. Berlin zeigen – ist das etwa eine verrückte Idee? Die Frau kennt Berlin nicht, dabei lebe ich schon seit zehn Jahren hier. Sie hat mich in zehn Jahren genau dreimal besucht.

Ich hatte mir vorgenommen, sie von allem fernzuhalten, was nach Arbeit aussieht. Sie sollte gar nicht erst sehen, wo was zu tun ist. Die kaputte Spülmaschine, die fleckige Tapete, den Berg Bügelwäsche.

Meine Mutter ist 69, also wirklich nicht mehr die Jüngste. Aber sie sieht das anders.

Als ich sie vom Bahnhof abholte, habe ich mich schon gewundert, warum sie so viel Gepäck dabeihatte. Einen Koffer und eine riesige Reisetasche. »Wie lange willst du eigentlich bleiben?«, fragte ich sie.

»Ach, ich habe nur meine Bettdecke und mein Kopfkissen dabei.«

Ich war beruhigt. Sie schleppt das Zeugs immer mit. Die Decke und das Kissen sind mit Federn von Gänsen gestopft, die meine Mutter eigenhändig gemästet und geschlachtet und gerupft hat. Sie sagt, dass sie nur darin schlafen kann, wenn sie nicht zu Hause ist auf ihrem Hof. Ich sage dazu nichts. Hat ja auch den Vorteil, dass ich keine Bettwäsche waschen muss, wenn sie abreist. Ich sage immer, Mutter, du musst öfter mal weg von deinem Kaff.

Als wir bei mir zu Hause ankamen, versteckte sie ihre Taschen im Gästezimmer. Das hätte mich skeptisch machen sollen.

Am nächsten Morgen ging ich ins Büro. Ich hatte mir den halben Tag freigenommen. Vier Stunden allein, das würde schon gehen, dachte ich mir. Vier Stunden reichen nicht zum Blödsinnmachen, dachte ich mir. So verrückt ist nicht mal meine Mutter, dachte ich mir.

»Schlaf dich aus. Setz dich auf die Terrasse und trink einen heißen Tee. Mach dir den Fernseher an, oder lies etwas«, befahl ich ihr, bevor ich ging.

»Meine Kleine«, sagte sie und lächelte, als sei sie einverstanden.

Ich hatte ihr ein paar Illustrierte hingelegt. *Bunte*, *Gala*. Die Zeitschriften sollten sie ablenken. Sie soll sich mit leichten Dingen beschäftigen, dachte ich. Mode, Klatsch, Tratsch, schöne Dinge eben. Das war ein Irrtum. Als ich nach Hause kam, war das Wohnzimmer frisch gestrichen.

»Die Flecken auf der Tapete waren doch wirklich zu hässlich«, sagte meine Mutter.

»Wo hast du die Farbe her?«, fragte ich. Sie lächelte listig und zeigte auf ihren riesigen Koffer. Sie hatte einen großen Eimer mit Farbe, Pinsel, Rollen und Abdeckplanen mitgeschleppt. Von Schleswig-Holstein bis Berlin. Die Farbe war übrig geblieben, als sie letzte Woche unser altes Bauernhaus gestrichen hatte.

»Soll die schöne Farbe etwa verkommen?«, fragte sie mich. Ich sagte, mir sei es lieber, sie schmeiße die Farbe weg, als dass sie sich beim Renovieren meiner Wohnung einen Herzinfarkt hole.

»Arbeiten hat noch niemandem geschadet«, sagte sie. »Das hast du wohl vergessen in deinem Berlin?«

Meine Mutter findet, dass Berlin den Charakter verdirbt. Jetzt blitzten ihre Augen. Sie schaute siegesgewiss auf die strahlend weiße Wand und triumphierte. Ein bisschen bewunderte ich sie auch. Aber ich konnte jetzt nicht einknicken.

»Mutter«, sagte ich, »du kommst mich nur alle paar Jahre besuchen. Lass uns lieber was Schönes zusammen machen. Du sollst hier nicht meinen Handwerker spielen.«

Ich schaffte es, sie zu überreden. Wir gingen in mein Lieblingscafé. Der Kaffee ist dort gut, und die Leute sind stylish. Das wollte ich ihr gerne zeigen. Vielleicht wollte ich auch ein bisschen angeben. Sie sollte sehen, dass ihre Tochter es zu was gebracht hat im bösen Berlin. Sie hatte die Augen ganz woanders. Studierte die Speisekarte und regte sich über die Preise auf.

»Ist dir dein schönes Geld nicht zu schade?«, fragte sie mich.

»Mensch, Mutter, genieß mal ein bisschen.«

»Meine Kleine, du konntest noch nie mit Geld umgehen.«

»Es geht um Atmo, nicht um Geld.«

Dann fragte sie mich, was Atmo sei. »Kaffee können wir doch auch bei dir zu Hause trinken. Dort schmeckt er genauso, ist aber umsonst.«

Da hatte ich plötzlich auch keine Lust mehr auf Cappuccino. Später bummelten wir durch die Straßen und schauten Schaufenster an. Reingehen in einen Laden wollte sie nicht, aber es war trotzdem sehr schön. Ich schöpfte plötzlich Hoffnung, dass ihr Berlin gefallen könnte.

Fürs Abendessen hatte ich in einem Szenerestaurant reserviert. Zuhause kochen ging nicht. Das hatte zwei Gründe: Erstens hatte ich keine Lust zu kochen. Zweitens: Ich wollte verhindern, dass Geschirr anfällt. Denn dann hätte meine Mutter gesehen, dass ich die Teller mit der Hand spüle. Und dann hätte sie auch gemerkt, dass die Spülmaschine kaputt ist. Das wollte ich unbedingt vermeiden.

Aber es ist nun mal Fakt, dass meine Mutter nicht gerne ins Restaurant geht. Sie macht überhaupt nicht gern Dinge, die Geld kosten. Das hätte ich wissen müssen.

Natürlich fing sie im Restaurant dann wieder damit an. »Was? Eine Roulade 25 Euro? Das ist ja Wucher«, rief sie, und alle hörten es. »Mutter, ich verdiene genug Geld«, flüsterte ich.

Am Ende wollte sie trotzdem unbedingt bezahlen. »Du glaubst wohl, ich weiß nicht, wie es in Berlin zugeht?«, fragte sie.

Wir stritten uns eine Weile, wer bezahlen darf. Die Kellnerin gähnte. Wir benahmen uns wie Dorftrottel.

Am nächsten Tag war Samstag. Ich hatte ein volles Programm für den Tag zusammengestellt, damit sie am Abend schön müde ist, wenn ich zu Neles Party gehe. Aber schon nach dem Pergamonmuseum sagte sie: »Lass uns mal zu dir gehen, mein Kind.« Ich dachte noch: Endlich gönnt die Frau sich ein bisschen Ruhe. Ist ja auch nicht mehr die Jüngste.

Zuhause sprach sie von einem kleinen Mittagsschlaf. Ich fand die Idee gut. Wir legten uns auf die Sofas. Ich deckte sie mit meiner Kaschmirdecke zu. Ich freute mich, dass ich vor der Party ein Auge zumachen konnte, und schlief sofort ein. Vor dem Wegsacken dachte ich noch: Wie schön, dass sie sich etwas ausruhen wird.

Als ich wieder aufwachte, nach drei Stunden oder so, hatte sie die Hälfte meiner Wäsche weggebügelt. Am Vortag, auf der Suche nach einem Schwamm oder einem Lappen, den sie zum Malern benutzen konnte, hatte sie im Schrank den Berg Bügelwäsche gefunden, den ich dort vor ihr versteckt hatte. Wir tranken den Kaffee bei mir. Ich versteckte die Tassen in der kaputten Spülmaschine.

Als ich von Neles Party zurückkam, sah alles unverdächtig aus. Am nächsten Morgen brachte sie mir Kaffee ans Bett – in denselben Tassen, die ich gestern Nachmittag in der Spülmaschine versteckt hatte. Ich guckte sie ungläubig an.

»Sie funktioniert wieder«, sagte meine Mutter und grinste listig.

Ich stellte mir vor, wie sie mit ihren 69 Jahren ins Innere der Spülmaschine gekrochen war, um den Fehler zu suchen, während ich mir gerade das vierte Glas Wein genehmigt hatte. Ich sah sie mit Werkzeug hantieren und vor Anstrengung japsen, während ich vom Tanzen schwitzte. Aber ich sagte nur: »Danke, Muddi.«

Ich fragte mich, warum es mir so wahnsinnig egal war, ob meine Spülmaschine ging oder nicht, obwohl es meine war, und warum es ihr so wichtig war, dass das Ding ging, obwohl es nicht ihres war. Obwohl ich in Berlin und sie in einem 500-Leute-Kaff in Schleswig-Holstein lebte, fühlte ich mich jetzt minderwertig.

Aber ich hatte innerlich kapituliert. Soll sie doch machen, was sie will.

Emma

Meine Mama hat ein Problem mit mir. Nicht nur wegen Moritz. Aber vor allem seinetwegen. Sie ist ja erst 50 Jahre alt. In dem Alter haben die Frauen heute ja noch sehr kleine Kinder.

Ich bin 30. Ich habe keine Kinder und keinen Mann, jedenfalls keinen Ehemann. Damit hat sie ein Problem.

Wir waren am Sonntag Kaffee trinken. Das machen wir immer am Sonntag. Ich liebe das. Und sie auch. Wir erzählen uns alles. Sie ist meine beste Freundin. Ich bin ihre einzige Freundin.

Diesmal war es meine Strumpfhose. Letzte Woche mein Schal. Vor zwei Wochen war sie mit meiner Bluse nicht zufrieden. Eigentlich hatte sie jede Woche irgendwas an meiner Kleidung auszusetzen.

»Deine Strumpfhose ist ein bisschen zu blau, mein Schatz«, sagte sie. »Das passt nicht zu dem grünen Rock.«

»Welche Farbe findest du denn besser, Mama?«, fragte ich.

»Schwarz geht immer, mein Schatz«, sagte Mama.

Ich ging in mein Schlafzimmer zurück und zog eine schwarze Strumpfhose an. Ich würde niemals mit meiner Mama über Kleiderfragen diskutieren. Sie hat wirklich einen tollen Geschmack und ist immer super angezogen. Das ist das eine. Das andere ist, dass ich wegen Moritz ein schlechtes Gewissen habe.

»Du hast Schal und Mütze vergessen«, sagte Mama, als ich die Wohnungstür schon abgeschlossen hatte. Also schloss ich die Wohnung wieder auf und holte einen Schal und eine Mütze. Als ich zu Mama zurückkam, fragte sie: »Und die Handschuhe?« Ich holte die Handschuhe, denn ich möchte ihr nicht noch mehr Kummer machen. Sie hat wegen mir und Moritz schon Kummer genug.

Eigentlich wollte ich Mama diesmal erzählen, dass Moritz seine Frau verlassen hat. Aber es passte nicht. Sie hatte selbst so viel zu erzählen. Sie war super gelaunt. Weil Papa sie angerufen hatte. Mein Gott, die beiden sind seit zehn Jahren geschieden, aber sie ist immer noch ganz aufgeregt, wenn er sie anruft. Insgeheim hofft sie noch immer, dass er zu ihr zurückkommt und die Frau verlässt, wegen der er sie verlassen hatte. Ich wollte ihr die gute Laune nicht verderben.

Ich erzählte von Neles Party. »Waren unverheiratete Männer da?«, fragte Mama und zwinkerte. Ich sagte Nein, und das war auch nicht gelogen. Moritz ist ja noch verheiratet. Dass er dabei war, muss Mama nicht wissen. Dann folgten die Erziehungseinlagen.

»Kind, sitz bitte gerade!«

»Steck doch bitte den Kaffeelöffel nicht so tief in den Mund!«

»Deine Wimperntusche ist verschmiert, Liebes.«

»Ich verstehe nicht, warum du für die Lippen keinen Konturenstift benutzt.«

»Ich glaube, du hast dich ein wenig erkältet, mein Kind. Warum gehst du auch immer ohne Mütze und Schal aus dem Haus?«

Meine Mutter ist sicher, dass ich mich von Moritz trennen werde. Ich kann Moritz genauso wenig vergessen, wie sie Papa.

»Deine Lippen gefallen mir immer noch nicht«, sagte Mama, als ich von der Toilette zurück an unseren Tisch kam. Sie zog ihren eigenen Konturenstift aus der Handtasche und zeichnete mitten im Café meine Lippen nach. »Wenn du so aussiehst, findest du nie den richtigen Mann«, flüsterte sie mir dabei ins Ohr.

Ich sagte nur leise: »Mama, hör doch auf.« Sie kapierte, dass ich gleich anfangen würde zu heulen. Dann sprachen wir endlich darüber, worüber sie schon seit Stunden mit mir reden wollte.

»Du rennst in dein Unglück«, sagte meine Mama. »Denk doch mal an seine kleinen Kinder«, sagte sie. »Du weißt doch noch, was du als Kind damals durchgemacht hast, als Papa mit dieser Schlampe durchgebrannt ist.«

Ich zuckte zusammen. Ich fühlte mich bei dem Wort »Schlampe« mehr angesprochen als bei »du als Kind«.

»Männer, die ihre erste Frau verlassen, verlassen auch ihre zweite Frau«, davon ist meine Mama überzeugt. Sie wartet im Fall von Papa schon seit zehn Jahren geduldig darauf, dass ihr Merksatz wahr wird.

Ich fühlte mich, als wäre ich in die Haut der Frau gekrochen, für die mein Papa meine Mama verlassen hat. Ich fühlte mich, als sei ich die Frau, die meine Mutter am meisten hasst. Wenn meine Mutter mit dem Menschen, den sie am meisten liebt, und das bin ich, Kaffee trinken geht, dann sitzt sie also der Frau gegenüber, die sie am meisten hasst. In Gestalt ihrer Tochter. Ich sollte wirklich sehr, sehr dringend eine Therapie machen.

Als wir das Café verließen, war alles wieder gut. Sie hatte mir mit ihrem Taschentuch die Tränen von der Wange getupft und auch nicht vergessen, mich zu erinnern, Mütze, Schal und Handschuhe anzuziehen. Die Dame am Nebentisch sagte zum Abschied: »Ihre Tochter ist sehr müde.« Die beiden lächelten sich an wie Leidensgenossinnen.

Jessica

Ich frage mich seit Ewigkeiten, was eigentlich normal ist. Ist es normal, dass ein Kind die Eltern kopiert oder die Eltern das Kind? Genetisch ist die Sache doch wohl so: Ein Kind tut, was die Eltern ihm vormachen. Sind die Eltern blöd, wird das Kind blöd. Spielen die Eltern Klavier, spielt das Kind Klavier. Sind die Eltern fett, wird das Kind fett. So ist es logisch. So ist es überall. Nur in meiner Familie ist es umgedreht.

Ich meine, mal ehrlich: Töchter probieren den Nagellack der Mutter. Oder? Bei uns ist es umgedreht. Ich komme am Sonntag früh nach Neles Party nach Hause, bin müde, will eigentlich sofort ins Bett. Und wer hat meinen Nagellack drauf? Meine Mutter.

Ich zu ihr: »Mama, das ist mein Nagellack.«

Sie: »Woher willst du das wissen?«

Ich: »Ich bin nicht blöd.«

Sie: »Bist du doch.«

Ich: »Der Nagellack hat 35 Euro gekostet.«

Sie: »Na, du scheinst es ja zu haben.«

Ich: »Wieso warst du schon wieder an meinem Badschrank?«

Sie: »Ich war noch nie an deinem Badschrank.«

Ich: »Du bist immerzu an meinem Badschrank.«

Sie: »Da verwechselst du was. Du bist immerzu an meinem Badschrank.«

Ich: »Das ist aber trotzdem mein Nagellack.«

Hallo? Meine Mutter hält mich für blöd. Ich erkenne meine Farben. Und ihre Farben kenne ich auch. War neulich mal kurz in ihrem Bad, um ihre Bestände zu checken.

Als Kind, klar, da hab ich natürlich gern ihr Bad durchstöbert. Sie ist ja auch meine Mutter, oder? Kinder lieben das Badezimmer ihrer Mutter. Ich sehe es bei meiner Kleinen. Wenn sie sich unbeobachtet fühlt, schwupp, sitzt sie vor dem Spiegel und probiert meine Lippenstifte durch. Sie macht es heimlich, weil sie weiß, dass ich immerzu Stress mit ihrer Oma habe. Mit meiner Kleinen krieg ich auch bald Stress. Sie soll nur nicht übertreiben, immerhin hat das Zeug ein Vermögen gekostet.

Aber bei meiner Mutter, da hört die Toleranz auf. Vor ihr ist nichts sicher. Meine Schminke ist ihre Schminke. Mein Parfüm ist ihr Parfüm.

Das hätte ich mal bei ihr machen sollen, früher. Wär gar nicht möglich gewesen. Sie hatte ja längst nicht so viel wie ich. Ich meine, ich habe einen ganzen Schrank voll Kosmetik. Ich weiß nicht, wie viel tausend Euro ich schon zu Douglas getragen habe. Okay, für ihre Verhältnisse hatte sie auch viel. Hat sich was drauf eingebildet, und wie. Sie hat ihre Flakons gehütet wie einen Schatz. Immer hat sie gespart. Richtig geizig war meine Mutter. Aber in die Parfümerie ging sie mindestens einmal die Woche. Und wehe, sie erwischte mich an ihren Sachen.

Jetzt sieht sie bei mir die volle Auswahl, dreimal so viel wie damals bei ihr. Da flippt sie aus. Wenn sie in unser Bad kommt, verliert sie die Kontrolle. Wenn ich früher ihre Schminke benutzt habe, hat sie es gar nicht gemerkt. Ich habe alles wieder zurückgestellt und nicht übertrieben. Und sie? Sie hat Striche an die Flaschen gemacht, damit sie merkt, wenn was fehlt. Ich war natürlich nicht blöd. Nicht immer das Gleiche nehmen, immer schön reihum, damit es nicht so auffällt. Sie hat trotzdem jedes Mal ein Fass aufgemacht, obwohl kaum was fehlte und sie nichts merken konnte. Einfach so, auf Verdacht.

Ich meine, ist das fair? Wenn man nicht sieht, dass was fehlt, wenn also praktisch noch alles da ist, muss man dann so tun, als sei was weg? Eine winzige, nicht messbare Menge?

Und so blöd wie meine Mutter heute war ich damals nicht. Wenn ich ihren Nagellack benutzte, dann bin ich nicht in der Wohnung rumgerannt und hab ihn ihr vor die Augen gehalten. Ich hab ihn nach der Disco abgemacht, mitten in der Nacht, wenn's sein musste. Weil ich keinen Ärger wollte. Die Mühe macht sich meine Mutter nicht. Sie lügt mich einfach an. Sie glaubt, ich bin blöd.

Am Anfang dachte ich, es ist eine gute Idee, dass meine Mutter bei uns einzieht. So sparen wir uns den Kindergarten, den Hort und den Babysitter. Ist ja auch eine Unverschämtheit, was Kindergarten und Hort kosten. Kann alles meine Mutter übernehmen, dachte ich. Da freut sie sich, dass sie auch noch was Sinnvolles tun kann in ihrem Vorruhestand. Macht sie auch. Und ohne das Geld meiner Mutter hätten wir uns das Haus echt nicht leisten können. Ich meine, wozu braucht eine Frau über 60 denn noch Geld? Sie hat ihre Lebensversicherung dazugegeben, und wir sind zusammengezogen. Sie wollte es, ich hab sie nicht gebeten. Sie hat ihr eigenes Bad bekommen. Aber kaum bin ich mal auf 'ner Party …

Am Sonntag war ich mal wieder sehr froh, dass ich meinen Mann habe. Ohne den hätte ich meine Mutter nämlich umgebracht. Er sagte: »Reg dich ab, es ist deine Mutter.«

»Ist das ein Grund, sie nicht umzubringen?«, fragte ich zurück.

Er sagte: »Ja.«

Das waren erst fünf Protokolle. Die Mittagspause war bereits überzogen. Der Einzige, der noch nichts gesagt hatte, war der einzige Mann der Runde. Eine 35-sekündige Fahrt im Fahrstuhl genügte ihm:

Alexander

Meine Mutter weckte mich um zehn Uhr früh. »Ich schlafe noch«, sagte ich. Ich war echt voll sauer. Sie entschuldigte sich bei mir. »Es tut mir so leid, mein Junge«, sagte sie. »Dreh dich um, und schlaf schnell weiter.« Ich drehte mich um und schlief weiter.

DIE WAHRHEIT ÜBER
DEN KINDERWUNSCH

Warum Frauen irgendwann ein Baby im Bauch
und an der Brust haben wollen

Früher waren Kinder Abfallprodukte des Geschlechtstriebs. Das Männchen sprach: »Weib, komm«, und das Weibchen kam. Nachdem das Weibchen gekommen war, ging das Männchen wieder seiner Wege und ließ das Weibchen mit den Folgen weitgehend allein. Die Folgen erblickten ein paar Monate später das Licht der Welt und machten einen Höllenlärm und sehr viel Arbeit. Weil aber das Weibchen neben dem Geschlechtstrieb auch mit einem Bruttrieb ausgestattet ist, schmiss sie ihr Neugeborenes in aller Regel nicht weg, sondern hegte und pflegte es. So lange, bis es selbst losziehen konnte, um sich einen eigenen Sexualpartner zu suchen. So weit die Biologie.

Später übernahm die Kirche das Oberkommando über die Biologie und erklärte alles Zwischenmenschliche für so peinlich, dass sie es am liebsten ganz verboten hätte. Dann aber hätte es keine neuen Kirchenschäfchen mehr gegeben, was nun auch nicht im Sinne der Erfinder ist.

Weil aber die Peinlichkeit aus der Welt sollte, erklärte die Kirche alles Zwischenmenschliche, vom Geschlechtstrieb bis zur Kindesaufzucht zu einer göttlichen Angelegenheit, die nur mit göttlichem Segen stattfinden darf. Von da an wurde fast immer erst geheiratet, bevor der Mann »Weib, komm« sagen durfte. Die faktischen Folgen, die neun Monate später eintraten, waren die gleichen wie ohne den Segen der Kirche. Das Neugeborene war genauso nackt, genauso hilflos. Die Frau zog es an, sie half ihm, bis es groß war und selbst auf die Suche gehen konnte nach jemandem zum Fortpflanzen. Immerhin hatte das Mitmischen der Kirche die Folge, dass der Mann danach nicht mehr so ohne Weiteres seiner Wege ziehen konnte. Er musste bleiben, Frau und Kind ernähren, hatte einen sicheren Anlaufplatz für seinen Geschlechtstrieb und zeugte ein Kind nach dem anderen. So blieben Mann und Frau beschäftigt. Ob das Dableiben des Mannes für die Frau auch eine Arbeitserleichterung war, steht auf einem anderen Blatt.

Bis zu diesem Zeitpunkt der Menschheitsgeschichte hatte Kinderkriegen kaum etwas mit Kinderwunsch zu tun. Bevor die Frau so alt war, dass in ihr so etwas wie der dringende Wunsch nach einem Baby aufkeimen konnte, hatte sie schon mindestens fünf davon. Frauen hatten also gar keine Zeit, sich Kinder zu wünschen – sie mussten ja immerzu Kinder kriegen.

In dem Alter, in dem die kinderlose Frau heute pausenlos »Kinderwunsch essen Seele auf« denkt, war die Frau von früher schon völlig kaputt vom ewigen Gebären und Hegen und Pflegen, und sie hätte vermutlich sofort aufgehört damit, wenn sie gewusst hätte, wie das geht, beziehungsweise wenn die Kirche es erlaubt hätte.

Dann kam die Pille. Und das gefühlsechte Kondom. Und die Kirche tobte. Verständlicherweise. Jeder tobt, wenn er hilflos dasteht und zusehen muss, wie er nach und nach alles verliert.

Vor allem, wenn er dafür über tausend Jahre hart und listenreich gearbeitet hat.

Und irgendwann fing dann auch noch der Rechtsstaat an. Er brütete die traditions- und männerfeindliche Idee aus, die eheliche Beischlafpflicht aus dem Bürgerlichen Gesetzbuch zu streichen. Da tobten dann auch noch die Männer, weil der Geschlechtstrieb so ziemlich der einzige Trieb ist, den sie haben.

Nachdem sich die Frauen von den ehelichen Pflichten und ihren Folgen erholt hatten, versuchten sie ein paar Jahre lang, sich sexuell wie Männer zu verhalten. Sie hatten jede Menge folgenlosen Sex. Damit entfiel auch der Zwang zum Heiraten. Die Frauen standen plötzlich da, ohne Kinder und ohne Ehemänner, dafür mit ganz viel Zeit und ganz vielen Möglichkeiten. Was nun anfangen? Wieder machten sie es wie die Männer: Sie gingen auf die Universitäten. Sie gingen arbeiten. Und guck mal an. Sie merkten, dass das Spaß macht. Fast so viel Spaß wie folgenloser Sex, eigentlich sogar ein bisschen mehr.

Doch dann wurden sie 30. Also das Alter, in dem ein anständiges Weibchen früher schon Enkelkinder hatte, während es selbst das 15. Mal schwanger war. Die Frau von heute hingegen wird 30 und hat noch kein einziges Kind, sondern jede Menge Spaß: Sie geht arbeiten und hat Spaß, sie hat folgenlosen Sex und Spaß. Warum damit aufhören?

Biologisch bewegt sich die zivilisierte Menschheit also auf Selbstauslöschungskurs. Jede Menge Geschlechtstrieb, aber keine Fortpflanzung. Das ist genau das Gegenteil von dem, was die Kirche tausend Jahre lang propagiert hatte. Es ist auch das Gegenteil von dem, was die Biologie im Sinn hatte, deren einziges Ziel bekanntlich die Erhaltung der Art ist.

Doch halt. Ganz so eindimensional wie die Kirche ist die Biologie nun auch wieder nicht. Als hätte sie geahnt, dass das alles so kommen würde, dass also der Geschlechtstrieb allein nicht ausreicht, um den Fortbestand der Art zu gewährleisten, hat sie den Menschen einen zweiten Trieb ins Gepäck gelegt. Eine Art eiserner Reservetrieb, nur in der Not zu verwenden: den Kinderwunsch.

Wenn Frauen also heute über 30, beruflich erfolgreich, sexuell total befriedigt und dennoch kinderlos sind, dann kommt genau dieser Trieb ins Spiel. Dann öffnen die über 30-Jährigen voller Panik das Notgepäck von Mutter Biologie – und plötzlich wünschen sie sich sehr verzweifelt, was sie ohne Verhütung schon längst hätten: ein nacktes, hilfloses Baby, um es anzuziehen und ihm zu helfen, groß zu werden, groß genug, um in die Welt zu ziehen und so weiter. Der Kinderwunsch ist also ein dem Geschlechtstrieb nachgeordneter Trieb mit dem exakt gleichen Ziel: Vermehrung. Jedenfalls biologisch betrachtet.

Unterdessen mutieren die Frauen. Der Spaß bei Arbeit und Sex tritt in den Hintergrund. Sie denken plötzlich über Vornamen nach. Sie überlegen, wo das Babybettchen stehen könnte. Sie weinen im Kino. Sie weinen nachts im Bett. Sie nehmen Babys von Kolleginnen auf den Arm. Sie riechen an ihnen. Sie fassen schwangere Bäuche an. Sie können an keinem Kinderwagen mehr vorbeigehen, ohne ihre alten Eierstöcke zu verfluchen. Und sie sehnen, sehnen und sehnen sich.

Sie suchen den richtigen Partner und den richtigen Zeitpunkt.

Den richtigen Sexualpartner zu finden ist nicht leicht, aber möglich. Die meisten Frauen schaffen es kurz vor Ende der Fruchtbarkeit, ihre Ansprüche dem Angebot anzupassen, das immer schmaler wird. Wer schnell zuschlägt, kriegt den Besten. Je mehr Frauen sich ihrem Ultimo nähern, desto attraktiver erscheint ihnen die zweite und dritte Wahl, was für alle Seiten von Vorteil ist. Und wenn kein Mann dabei ist, der der Frau den Kinderwunsch erfüllt, haben Frauen noch immer die Möglichkeit, das Heft in die Hand zu nehmen. Sie können mit ihrem aktuellen Sexualpartner folgenlosen Sex vereinbaren und die Vereinbarung dann einseitig brechen. Das bürgerliche Recht ist bei dieser Form von Vertragsbruch auch wieder voll auf der Seite der Frauen.

Den richtigen Zeitpunkt zu finden ist deutlich schwieriger. Hier geht es ja nicht darum, einen anderen davon zu überzeugen, dass er springen soll, sondern man muss selbst springen. Aber der richtige Zeitpunkt kommt nicht von allein. Und dann schlägt der Kinderwunsch in Panik um. Und dann setzen Frauen die Pille ab.

Bedauerlicherweise ist es nun die Natur, die den Frauen Steine in den Weg legt: Wenn Frauen über 30 einen Kinderwunsch entwickeln, sind ihre Eierstöcke meist schon auf dem absteigenden Ast. Sie hätten ja ohne Pille und ohne Kirche auch schon 15 Jahre lang erfolgreiche Arbeit geleistet. Nun aber müssen die Eierstöcke genau dann zeigen, was sie draufhaben, wenn sie eigentlich schon in den Vorruhestand gehen wollen.

An dieser Stelle sieht es fast so aus, als sei Rache im Spiel. Es rächt sich die Biologie dafür, dass die Menschen jahrelang getrickst haben, mit Pillen und Kondomen. Und die Kirche sieht wieder das Göttliche walten. Diesmal die göttliche Strafe dafür, dass die Menschen sich jahrelang benommen haben, als hätte Sex etwas mit Spaß zu tun.

Unterdessen schleppt die Frau den Mann zum Fortpflanzungsmediziner, der in seinen Spermalaboren, Ultraschallkemenaten und Abspritzkammern für Männer und für Frauen

Peinlichkeiten ganz neuer Art bereithält. Aber immerhin ist der Fortpflanzungsmediziner so ziemlich der einzige Arzt, der bei Alterserscheinungen nicht »Da kann man nichts machen« sagt.

Jetzt spätestens hört für Frauen und Männer der Spaß auf – jedenfalls der Spaß, den sie einst beim Sex hatten. Stattdessen müssen Frauen Basaltemperaturen messen, um ihre letzten fruchtbaren Tage zu erwischen. Sie müssen immerzu und eigenhändig Fruchtbarkeitshormone spritzen und dreimal wöchentlich, statt ihren Mann den Gynäkologen mit seinem Ultraschallgerätdildo in ihre Vagina lassen, mit welchem er auf die Suche nach halbwegs brauchbaren Follikelbläschen geht. Am Ende legen sich Frauen auf den OP-Tisch, aber nicht für heißen Sex, sondern damit der Gynäkologe ihnen unter Vollnarkose mit einer Riesenkanüle die mühsam gezüchteten Eier aus den Follikeln saugen und im Reagenzglas befruchten kann.

Auch für die Männer hört der Spaß auf. Anfangs werden sie mit Sex nach Kalender bestraft. Später, wenn der Fortpflanzungsmediziner ins Leben der beiden getreten ist, sieht die Arbeitsteilung so aus, dass das Ultraschallgerät ihn und seine Tätigkeit ersetzt. Für den Mann bleibt nun nur noch die Aufgabe, gelegentlich in ein keimfreies Reagenzglas zu ejakulieren, sexuell erregt durch einen abgegriffenen Katalog mit Damenunterwäsche.

Und am Ende all dieser Opfer steht dann wieder eine Strafe: Zwillinge. Oder die allerschlimmste Strafe: gar kein Kind, wenn die Prozedur, trotz Dauerwiederholung nicht geklappt hat.

Und warum das alles? Bestimmt nicht, um der Art, der Biologie einen Gefallen zu tun. Obwohl die Arterhaltung ihr biologischer Code ist, ist Frauen, wenn sie an ihr eigenes Kind denken, die Erhaltung der Art herzlich egal. Was Frauen wirklich wollen, ist Romantik.

Womöglich tragen alle Frauen ein Urmisstrauen gegenüber der Haltbarkeit von Partnerschaften in sich. Wenn die Liebe zu einem Mann sehr groß oder sehr gefährdet ist, dann wollen sie ihn gern festhalten. Am liebsten würden sie sich an dem Mann festknoten, was aber schwierig ist, weil die meisten Männer viel stärker sind als die meisten Frauen. Was Frauen nicht schaffen, schafft das Kind. Es bindet die Eltern in Ewigkeit – und das nicht nur in der hoffnungslos romantischen weiblichen Vorstellungswelt: Das Kind stellt her, was zwischen Mann und Frau nicht besteht, nämlich Blutsverwandtschaft, ein unauflösliches Band zwischen zwei Menschen, und bei diesen Worten, »unauflösliches Band zwischen zwei Menschen«, steigt der Blutdruck jeder Durchschnittsfrau.

Frauen wünschen sich nichts sehnlicher, als dass etwas bleibt, für immer und ewig, auch wenn der Mann (oder sie selbst) eines Tages die Koffer packt. Kinder bleiben. Anfangs, weil sie nackt und hilflos sind. Später, weil sie nicht mehr anders können. Weil sie ihrer Mutter immer und immerzu das geben möchten, was Männer Frauen nur bedingt oder eingeschränkt oder zeitlich begrenzt oder in geringer Konzentration geben können: Liebe.

Frauen sehnen sich nach ewiger Liebe. Mit Kindern können sie sich dieses Bedürfnis selbst erfüllen. Insofern sind also auch Kinder etwas unfassbar Romantisches und zugleich etwas unfassbar Egoistisches.

Was aber ist mit den kinderlosen Frauen? Manche haben keinen abgekriegt, weil ihnen die 2. oder 3. Wahl nicht gut genug war. Manche waren der 2. und 3. Wahl nicht gut genug.

Manche wollten nicht aufhören mit dem Spaß, den ihnen die Arbeit und der folgenlose Sex machten. Manche haben es trotz überbordendem Kinderwunsch, trotz redlicher, kostspieliger Versuche, trotz Hightech-Fortpflanzungsmedizin und trotz sehr, sehr vieler Tränen nicht geschafft, Kinder zu bekommen.

Fakt ist, dass es immer mehr Frauen gibt, die ohne Kinder alt werden, und es gibt genauso viele Gründe dafür. Manche kinderlose Frau erfüllt sich Ersatzwünsche: lebt mit Katzen zusammen, macht Weltreisen, legt eine beeindruckende Karriere hin, wird Bundeskanzlerin. Nicht jede Frau entwickelt sich auf dem kinderlosen Weg ins Grab zum griesgrämigen Monster – auch wenn diese Vorstellung eine Urangst vieler Frauen mit Kinderwunsch ist.

Es gibt auch ohne Fortpflanzung jede Menge respektable Lebensentwürfe. Das Problem ist, dass jedes Leben ohne Kinder gleich endet: mutterseelenallein.

Schlussbemerkung

Jajaja. Ich höre schon die Einwände und gebe hiermit allen recht, die sich darüber beschweren wollen, dass ich gehässig bin. Recht haben ferner auch diejenigen, die finden, 1. dass man auch mit Kindern mutterseelenallein enden kann, 2. dass man auch ohne Kinder gesellig, also zum Beispiel von Freunden und Ehemännern umgeben, enden kann. 3. Dieses Kapitel ist nicht komisch.

DIE WAHRHEIT ÜBER BRÜSTE

Warum Frauen nie mit ihrer Oberweite zufrieden sind

Vor einer ziemlichen Weile habe ich mir mal eine Folge des Dschungelcamps angesehen. Die meisten Menschen, die mitgespielt haben, kannte ich nicht. Die Einzige, die ich kannte, war Brigitte Nielsen. Aber die hätte ich beinahe auch nicht erkannt. Ohne Schminke hatte sie das Gesicht eines Mannes. Sie sah aus wie ein alter dürrer Mann mit Riesenbrüsten. Weil die Moderatoren ihn immerzu »Brigidde« nannten, dämmerte mir bald, dass der magere Mann mit den Riesenbrüsten Brigitte Nielsen war. Außer Brigitte Nielsen ist mir eine zweite Frau in Erinnerung geblieben, die ich nicht kannte. Sie hieß Micaela. Auch sie hatte Riesenbrüste. Später las ich bei Wikipedia nach, wer Micaela ist: nämlich Model, Darstellerin und D-Jane. D-Janes sind Frauen, die in Diskotheken Tanzmusik auflegen. Micaela macht das auf ihre Weise, nämlich »oben ohne«.

Micaela schien ihre Brüste zu mögen, jedenfalls rannte sie auch im Dschungelcamp die ganze Zeit fast nackt herum. Sie wollte, dass die Fernsehzuschauer sich an ihren Brüsten erfreuen.

Brigitte Nielsen versteckte ihre Riesenbrüste hingegen unter einem Dschungelcampshirt. Dieses Hemd ließ ihre mageren Oberarme und ihren mageren Hals frei. Es bedeckte jedoch die Riesenbrüste. Gott sei Dank. Man ahnte aber deutlich, was die Schwerkraft in all den Jahren mit der Last getan hatte. Die Riesenbrüste waren ungefähr zwei Etagen tiefer gesackt, etwa auf die Höhe der Ellenbogen – wohlwollend betrachtet. Die Natur ist eben grausam, sogar dann, wenn man sich so sehr anstrengt wie Brigitte Nielsen im Dschungelcamp.

Sie war die netteste von allen Campmitgliedern und sprach eine Sprache, die dem Deutschen ähnelte. Der einzige Satz, den ich verstand, war »Oouuh, mein Goooddd!«, den schrie sie sehr oft, weil sie oft entsetzt war. Sie war mir unglaublich sympathisch.

Aber ich konnte die Augen nicht von den großen Brüsten lassen. Es war klar, dass die Brüste von Brigitte und Micaela nicht echt waren. Beide Frauen waren von der Natur als Bügelbretter geplant worden. Sie hatten deswegen eine harte Jugend hinter sich, voller Selbsthass und voller Hass auf Frauen mit großen Brüsten, das war mir sofort klar.

In meinem Kopf lief die ganze Zeit ein Film ab: Ich sah die sehr junge Brigitte Nielsen, mager, ehrgeizig und kleinbrüstig, vor dem Spiegel stehen. Sie schrie ihr Spiegelbild an: »Oouuh, mein Goooddd! Mit diesen mickrigen Brüsten komme ich nie nach Hollywood!« Dann plünderte sie ihr Sparschwein und kaufte sich Brustimplantate der ersten Generation. Sie kaufte die größten am Markt verfügbaren Implantate, denn viel hilft viel – und damit kam sie dann nach Hollywood.

Leider konnte diese schöne Karriere Brigitte Nielsen nicht vor dem Dschungelcamp bewahren. Als sie Dschungelkönigin wurde, freute sie sich sehr und rief unzählige Male »Oouuh, mein Goooddd!« Sie weinte sogar vor Dankbarkeit. Sie hatte nicht geweint, als sie Schlangen, Kakerlaken und Maden anfassen musste. Das fand ich extrem mutig. Wahrscheinlich brauchte sie die 100 000 Euro Siegerprämie sehr dringend.

Ich freute mich mit Brigitte Nielsen über ihren Sieg. Ich mochte ihren dänischen Akzent, und sie tat mir wegen der Brüste so leid. Einen Teil der Siegerprämie hat sie in meinem Kopfkino sofort in die Entfernung der Silikonkissen investiert. Übrig blieb eine leere Hautfalte. So kleinbrüstig gefiel mir Brigitte Nielsen viel besser.

Bei Micaela hatte ich solche Wahnvorstellungen nicht. Sie war mir nicht so sympathisch wie Brigitte Nielsen, vielleicht weil sie keinen dänischen Akzent hatte. Abschließend kann ich ihren Akzent nicht beurteilen, denn sie sprach so gut wie gar nicht.

Vielleicht mochte ich Micaela auch deswegen nicht, weil sie, abgesehen von den Brüsten, so eine tolle Figur hatte, auf die ich wirklich neidisch war. Keine Cellulitis, keine Besenreiser.

Aber dann tat Micaela etwas Entsetzliches. Sie legte sich, warum auch immer, auf den Rücken, mit den Füßen in Richtung der nächstbesten Kamera. Die Kamera, immer auf der Suche nach frivolen Einstellungen, filmte ihre Brüste – und zwar von der Unterseite! Eine sehr seltene Einstellung. Nun sah man sie ganz deutlich: zwei wulstige Narben an der Unterseite der Riesenbrüste von Micaela.

In einer Falte, die normalerweise kein Mensch zu sehen kriegt, sah ich die beiden Wülste. An dieser Stelle hatte ein Schönheitschirurg die Brüste von Micaela aufgeschnitten und die Silikonimplantate reingestopft.

Ich möchte nicht missverstanden werden. Ich gehöre nicht zu den Frauen, die andere Frauen verurteilen, weil sie ihre Schönheit beim Chirurgen verbessern lassen. Ich finde, dass der Schönheitschirurg eine gute Erfindung ist. Er kann Sachen am Körper reparieren, die die Natur versaut hat. Hakennasen, Schlupflider, senkrechte Stirnfalten. Ich finde es gut, dass die westlichen Industrieländer wohlstandsmäßig an einem Punkt angekommen sind, an dem man sogar das Schicksal, mit Reiterhosen gestraft zu sein, ändern kann. Ich finde im Gegensatz zu vielen Frauen, dass die Natur auch hässlich sein kann. Ich bin nicht eine von diesen extremen Naturfanatikerinnen, die alles lieben, was echt ist, auch eine echt extreme Nasolabialfalte. Nur in der Frage der Brustchirurgie bin ich anderer Meinung. Jedenfalls sofern Brustchirurgie Brustvergrößerung bedeutet.

Ich mag große Brüste nicht.

Was Brigitte und Micaela sich vom Schönheitschirurgen hatten basteln lassen, gefiel mir nicht. Mir gefallen auch Prada-Handtaschen, Louis-Vuitton-Gürtel und Chanel-Sonnenbrillen nicht. Vielen Frauen gefallen solche Accessoires, und sie sparen lange drauf, weil sie ihnen so gut gefallen und weil sie so teuer sind. Ich mochte Brigitte Nielsens Riesenbrüste nicht. Ich mochte Micaelas Riesenbrüste nicht. Ich mag nämlich meine eigenen Riesenbrüste auch nicht. Ich mochte sie noch nie. Der Unterschied zwischen meinen Riesenbrüsten und den Riesenbrüsten von Brigitte und Micaela ist der, dass meine echt sind. Die beiden hatten von der Natur kleine Brüste geschenkt bekommen. Solche, wie ich sie gern gehabt hätte. Ich habe von der Natur große Brüste bekommen. Solche, wie sie sie gern gehabt hätten. Naja, nicht ganz so groß. Aber fast. Brigitte und Micaela hatten sich im Gegensatz zu mir nicht mit ihren Naturbrüsten abgefunden. Aber es gab Zeiten, da hätte ich was dafür gegeben, meine großen Brüste loszuwerden – ich hätte alles dafür gemacht, sogar eine Schönheitsoperation.

Es gibt einen sehr primitiven Grund, warum ich nicht zum Schönheitschirurgen gegangen bin. Wegen der Männer. Als ich mich das erste Mal vor einem Mann ausgezogen habe, wollte ich, dass das Licht ausbleibt, damit er meine Brüste nicht sehen kann. Als wir dann am nächsten Morgen aufwachten, war es zu spät. Wir hatten Dinge getan, gegen die das Betrachten von Brüsten nicht mehr peinlich ist, und ich war zuversichtlich, dass er mich nun nicht mehr meiner Brüste wegen verurteilen würde.

Und das tat er auch nicht. Im Gegenteil. Sie gefielen ihm. Er wollte sie andauernd anfassen. Er wog und vermaß sie, er fummelte und nuckelte immerzu dran rum. Und auch ich nahm es ihm nicht übel. Wie gesagt – die Dinge waren schon zu fortgeschritten, um wegen falscher Ansichten über Brustgrößen einen Rückzieher zu machen. Mein erster Freund und alle seine Nachfolger hatten ihre Freude an meinen Naturbrüsten. Nur ich mochte sie noch immer nicht. Meine Meinung über die perfekte Brustgröße (etwas kleiner als A) konnte ich einfach nicht ändern. Die großen Siege an der Männerfront halfen mir dabei, das Schicksal meiner Brustgröße zu akzeptieren.

Ich weiß nicht, wie es bei Micaela und Brigitte war, als nach der ersten Nacht mit einem Mann die Sonne aufging. Vielleicht sagten sie was Gemeines wie: »Du hast echt voll zu kleine Brüste!« Vielleicht zogen sie sich dann an und gingen weg und kamen nicht wieder. Das ist eine schreckliche Vorstellung. Aber sie erklärt eigentlich alles.

Brigitte, Micaela und ich sind aber nicht die einzigen Frauen, die unzufrieden sind mit ihren Brüsten. Die meisten Frauen, die ich kenne, sind unzufrieden mit ihren Brüsten. Jede will die Brüste, die sie nicht hat.

Schon in der Schule habe ich mich darüber gewundert, warum Frauen mit kleinen Brüsten so wenig Selbstbewusstsein haben. Die Kleinbrüstigen unter meinen Freundinnen griffen zum BH ihrer Mutter und monierten ihn auf: mit Socken, Klopapier oder Papiertaschentüchern. Der falsche Busen machte sie nicht richtig glücklich, aber immerhin weniger unglücklich. Sie hatten ständig Angst aufzufliegen. Sie gingen darum gebückt, um nicht zu provozieren. Sie wurden schnell rot. Auch ich ging in diesen Jahren gebückt, denn auch ich wollte nicht provozieren und wurde schnell rot. Ich hatte schreckliche Angst davor, wegen meiner Brüste gehänselt zu werden.

Meine Freundin Imke hatte kleine Brüste. »Glotz mich nicht so an«, schrie sie immer, wenn wir uns zum Sport umzogen. »Ich kann nichts dafür.«

»Ich beneide dich nur«, sagte ich. »Außerdem glotzt du mich auch an!«

»Du Angeberin!«, schrie sie dann. Es stimmte nicht, dass ich angab. Es stimmte aber, dass ich sie beneidete. Unsere Brüste standen irgendwie immer zwischen Imke und mir. Dieser Dinge wegen wurde Imke wahrscheinlich nicht meine beste Freundin. Sie konnte mir nicht verzeihen, dass ich ihre Traumbrüste hatte.

Die Brüste meiner Freundin Frieda waren weder zu groß noch zu klein. Es war irgendetwas zwischen A und B. Sie hatte ein anderes Problem: Die Brustwarzen waren sehr platt und sehr groß, ungefähr halb so groß wie die ganze Brust. Die überdimensionierten Brustwarzen störten die Proportionen. Sie hatten etwas Unverschämtes.

Sabine war rothaarig. Ich fand ihre Brüste o. k., die Größe, die Form. Aber Sabine konnte sich nicht damit abfinden, dass sie voller Sommersprossen waren. Auch in ihrem Gesicht waren Sommersprossen. Die störten sie weniger. Aber auf der Brust machten sie die Sommersprossen wahnsinnig. Außerdem litt sie unter der Farbe der Brustwarzen: blassrosa. Man konnte sie eigentlich nur deswegen erkennen, weil ihre restliche Haut noch viel blasser war.

Maria hatte genau die Brustwarzenfarbe, die Sabine sich gewünscht hätte: schön dunkelrot. Wenn die Sonne drauf schien, schimmerten sie – wie Rotwein. Trotzdem hasste auch Maria ihre Brüste mitsamt den Brustwarzen, weil aus ihr Haare sprossen. Sie wuchsen genau am Rand der Brustwarze und hätten dort einen haarigen Kranz gebildet, wenn sie sie hätte wachsen lassen. Das tat sie natürlich nicht, sondern sie riss sie sich aus. Immer nach der Dusche ging sie auf die Suche nach Haaren, die lang genug waren, um sie mit den Fingern zu erwischen. Es tat sehr weh, und manchmal entzündete sich eine Haarwurzel, was noch mehr wehtat.

Bei Betti stimmte die Ausrichtung der Brustwarzen nicht. Ihre Brustwarzen schauten ein klitzekleines bisschen nach außen. »Du hast Blinker«, hatte ihr großer Bruder zu ihr gesagt, vor dem sie bis dahin, aber ab dann nicht mehr, nackt rumgelaufen war. Da war Betti 13. Ihr großer Bruder ist schuld daran, dass sie einen lebenslangen Komplex mit sich herumschleppt.

Und bei Anna schließlich schauten die Brustwarzen nach innen. »Die Scheißdinger schielen jeden Kerl an«, pflegte Anna zu sagen. Sie sah die Sache aber etwas entspannter als Betti.

Sehr viel schlechter fühlte sich Pia. Sie hatte links ungefähr 100 Gramm weniger als rechts. Mit BH konnte sie das ausgleichen, aber als sie ihren ersten Freund hatte, war es aus mit dem Tricksen. Es war Berni, und der ging in unsere Klasse. Die beiden gingen mehr als ein Jahr miteinander, bis kurz vor dem Abitur. Als sie sich von ihm trennte, rächte sich Berni. Er klärte die Jungs der ganzen Klasse über Pias Brustbesonderheit auf, und sie brüllten und lachten über den ganzen Schulhof. Bis heute träumt Pia von Rache. Manchmal treffen wir uns in Berlin und gehen zusammen etwas trinken. Spätestens nach dem dritten Glas Weißwein kündigt sie regelmäßig an, ihm die Eier abschneiden zu wollen.

Am meisten von allen litten meine Freundin Imke und ich. Zu kleine Brüste waren in ihren Augen schlimmer als alle anderen Brustbehinderungen zusammengenommen, und ich fand das Gegenteil.

Meine Vorliebe für kleine Brüste ist leicht erklärt. Ich wollte Sport machen, ohne mir die Brustwarzen wund zu scheuern, ich wollte tanzen, ohne dass die Dinger wackelten. Ich hasste es, wenn Jungs mit mir tanzen wollten, die ich nicht kannte. Ich wollte, dass die Jungs und die Lehrer mir beim Reden in die Augen und nicht auf die Brüste guckten. Doch die Natur wollte das nicht.

Imke wollte unbedingt in der Disco von Jungs zum Tanzen aufgefordert werden. Wenn sie nicht aufgefordert wurde, machte sie mir Vorwürfe. Sie wollte außerdem eine Zwei in Mathe. Sie wollte beim Sport mit dem Busen wackeln. Sie wollte den richtigen Mann zum Heiraten finden. Die Brust war in ihrer Vorstellung der Schlüssel zu allem, was sie sich wünschte. Wenn es möglich gewesen wäre, hätten wir getauscht. Und dann wären wir bestimmt beste Freundinnen geworden.

Ich habe mich abgefunden. Das lag nicht nur an den Männern, sondern auch daran, dass ich schwanger wurde. Da war ich 35 Jahre alt. 35 Jahre lang, abzüglich der ersten 14 Lebensjahre, also netto 21 Jahre lang hatte ich mir jede Menge Gedanken über meine Brust gemacht. Größe, Ausrichtung, Form. Farbe und Größe und Form der Brustwarzen, Winkel der Wölbungen und Veränderung aller dieser Parameter im

Zustand der sexuellen Erregung – ich wusste alles über meine Brüste. Doch trotz alledem: Meine Brust, die Brüste meiner Freundinnen und die Brüste der anderen Frauen, die man so betrachtet, waren für mich nichts als reine Deko. Nur eines hatte ich mir nicht wirklich klargemacht: dass die Brust ein Organ ist! Ein Organ angefüllt mit Drüsen, nämlich Milchdrüsen. Und dass diese Milchdrüsen die Funktion haben, meine Aufgabe als Säugetier zu erfüllen. Meine Brust war nur dazu da, mein Junges zu säugen.

Als ich dann schwanger war, dämmerte mir das plötzlich. Meine Brüste sind gar keine Deko, sondern das Gleiche wie das Euter bei der Kuh. Sie waren gar nicht dazu da, schön zu sein. Sie waren Funktionsträger!

Es dauerte auch nicht lange, bis ich merkte, dass die Schwangerschaft meine großen Brüste weiter vergrößerte. Ich war schockiert, als sich mein Körper unter dem Einfluss der Schwangerschaftshormone immer weiter in Richtung Muttertier veränderte. Meine Brüste wurden nicht nur größer, sondern ich fühlte darin das pralle, funktionale Gewebe, und sie fühlten sich genauso an, wie sie biologisch beschaffen waren: drüsig. Wenn ich dieses Wort aufschreibe, bekomme ich noch immer eine Gänsehaut. Aber es kam noch dicker.

Gegen Ende der Schwangerschaft waren meine Brüste nicht nur betonharte Drüsenwunder geworden, an ihrer Oberfläche wurden blaue, geschlängelte Adern sichtbar. Wenn ich allein war, schaute ich mir die Bescherung manchmal im Spiegel an. Schlimm sah das aus! Und obwohl ich mich hässlich fand, war es auch wunderbar. Ich fand es fremd, und es machte mir Angst, dass da etwas mit mir passierte, auf das ich keinen Einfluss hatte. Aber wenn ich mein Kind in meinem Bauch herumstrampeln fühlte, verzieh ich ihm alles. Mein Kind diktierte, was mit meinem Körper passieren musste, und mein Körper gehorchte. Und meine Brust, das funktionslose Dekoding, funktionierte tadellos. Es hat mich über alle Maßen überrascht, dass mein Körper das kann: funktionieren wie jedes andere Säugetier, von der Zwergspitzmaus bis zum Elefanten.

Dass ein Großstadtwesen wie ich, jemand, der Angst vor allem hat, was Natur ist, also vor Spinnen, Schlangen, Löwen und Fröschen, vor Flüssen, Meeren und Bergen, dass jemand wie ich, der Funktionen bisher nur von technischen Apparaten erwartet und der die Herstellung funktionierender Apparaturen immer als Angelegenheit von Handwerkern und Ingenieuren betrachtet hatte, dass dieses Wesen selbst auch funktionieren konnte. Nach neun Monaten Wartezeit war ich gespannt, ob mein Körper auch gebären kann. Mit Wehen, Pressen, Schreien und so. Und siehe da, er konnte. Eines Nachmittags war mein erstes Kind da.

Da ging das Funktionieren erst richtig los. Und jetzt kamen auch wieder die Brüste ins Spiel. Ich benutzte sie andauernd. Viele Leute fummelten jetzt daran herum. Hebammen, Ärzte, mein Kind und vor allem ich selbst. Nur einer hielt sich von meinen Brüsten neuerdings fern, der Vater meines Kindes. Ich verstand ihn ganz gut.

Allmählich gewöhnte ich mich an alles, auch daran, meine Stillbrüste jetzt mit Still-BHs zu bekleiden, die an der Vorderseite aufklappbar waren. Wenn mein Baby weinte, langte ich unter die Bluse oder den Pullover, hakte einhändig (!) die Stillklappe auf, entfernte die Stilleinlage und legte los. Meine Brüste arbeiteten wie das Euter einer Hochleistungskuh. Mein Kind brauchte mich nur anzusehen, und meine Brustwarze wurde zur Milchdrüse. Aus ungefähr acht Öffnungen spritzte die Muttermilch heraus. Und dann kam das Kälbchen und nuckelte sie leer. Das war irre. Man saß da in einer Großstadt, umgeben von Couture und Hightech und Globalisierung – und war ein Säugetier und fütterte sein Junges. Und alles das mit einem Organ, das vor Kurzem noch dazu da war, Männern zu gefallen und zu groß gefunden zu werden.

Der Mensch, fand ich damals, ist ein kompliziertes Säugetier. Und ich beneidete die anderen Säugetiere darum, dass sie nicht so schräge Gedanken in ihren Köpfen herumwälzen mussten wie ich, sondern einfach so vor sich hin funktionieren konnten.

Die Erkenntnis, dass meine Brüste mich zu einem Säugetier machten, versetzte mich in eine Art Trance. Ich fühlte mich in meiner animalischen Trance stark genug, noch weitere fünf oder zehn Menschenkinder mit meinen Riesenbrüsten satt zu kriegen. Aber irgendwann erwachte ich. Nach zwei Säuglingen an der Brust ließ die Gier auf weitere langsam nach. Ich entwickelte mich wieder zurück, vom Muttertier zur Frau.

Mein Verhältnis zu Brüsten ist wieder das gleiche wie früher. Mit Genugtuung sah ich darum dabei zu, wie meine Brust nach dem Abstillen schrumpfte. Ich hatte von Frauen gehört, die durch das Stillen die Üppigkeit ihrer Brust verloren hatten, und ich hoffte nun auf diesen Effekt. Doch ging das Glück, mich zur BH-Größe A runtergestillt zu haben, an mir vorbei. Mein Körper hörte genau bei der Vorschwangerschaftsgröße auf zu schrumpfen. Ich konnte sogar wieder meine alten BHs anziehen.

Doch leider ist das nicht das Ende meiner Leidensgeschichte. Das Ende ist noch offen. Aber ich will die neueste Tendenz an der Busenfront nicht verschweigen. Mein Busen wächst seit einiger Zeit. Einfach so. Neulich kaufte ich mir das erste Mal zwei BHs in Körbchengröße C. Ich hatte sehr lange mit B weitergemacht, obwohl es zwickte. Aber eines Tages im Bad stand das Licht ungünstig. Ich sah sehr deutlich über dem BH eine Gewebewulst. Mein Busen quoll über. Da ging ich sofort einkaufen.

Wieder gibt es einen, den diese Entwicklung freut: meinen Freund. Wenn ich nackt an ihm vorbeigehe, kann er mir nicht in die Augen schauen. Er muss dann auf meine Brüste stieren und lüstern dreinschauen. Dann sagt er ein altmodisches Wort: »Prächtig.« Obwohl ich es seit meiner Schulzeit hasse, wenn Männer mir in den Ausschnitt statt in die Augen schauen, muss ich darüber immer lachen. Wahrscheinlich, weil das Adjektiv so altmodisch ist und mich von der Lüsternheit ablenkt, die in seinen Augen funkelt. Außerdem ist es auch mit über 40 noch angenehmer, von seinem Freund schön gefunden zu werden als hässlich.

Ich habe mich als Kind immer vor den gigantischen Brüsten alter Frauen gefürchtet. Sie kamen mir bedrohlich und sinnlos vor. Ich sehe jetzt einer Zeit entgegen, in der ich selbst kleinen Kindern Angst machen werde. Das macht mich ein bisschen traurig.

Ich frage mich, ob Frauen wie Imke sich aufs Altwerden freuen. Und ich frage mich, was Brigitte Nielsen und Micaela Schäfer mit ihren Silikonimplantaten machen werden, wenn das Eigengewebe zur Last wird. Im Dschungelcamp wäre eine gute Gelegenheit gewesen, sie das zu fragen. Aber keines der aufgenommenen Gespräche dort drehte sich um Brüste, obwohl halb Deutschland die Sendung wegen der Brüste anschaute.

Wäre ich im Camp gewesen, ich hätte Brigitte alles gefragt. Wie es sich sich mit den schweren, immer tiefer rutschenden Dingern lebt. Wie die Männer reagieren. Wie die Frauen reagieren. Wie Silvester Stallone reagiert hat. Ob ich mal anfassen darf. Ob sie es schon mal bereut hat. Niemand im Camp stellte auch nur eine der interessanten Fragen, die geradezu in der Luft hingen. Darum ist es schwer, Brigittes Verhältnis zu ihren vom Silicon und vom Alter beschwerten Brüsten zu beurteilen.

Ich wüsste sehr gern, wie mein Leben gelaufen wäre, wenn ich mit meiner Traumbrust geboren worden wäre oder wenn ich sie, wie Micaela und Brigitte, vom Chirurgen hätte reparieren lassen. Aber ich habe den schrecklichen Verdacht, dass sich mit einer neuen Brust auch mein Traum verändert hätte. Es hat keinen Sinn, etwas zu ändern.

Ich habe mich mit meiner Brust abgefunden. Das heißt nicht, dass ich sie mag. Sie ist mir fast immer egal. Nur wenn ich zunehme, hasse ich sie noch, denn ich nehme zuerst an der Brust zu. Ich versuche, darüber nicht nachzudenken. Ja, ich habe mich abgefunden.

DIE WAHRHEIT ÜBER DAS ALTWERDEN

Wann Frauen merken, dass die Jugend zu Ende ist

Als Kind verstand ich es nicht, warum meine Mutter so oft vor dem Spiegel stand und sich die Gesichtshaut nach hinten schob, bis sie einer Chinesin ähnelte. Was hatte sie an ihrem Gesicht auszusetzen?

Ich fand meine Mutter sehr schön. Am schönsten fand ich sie morgens nach dem Aufstehen, wenn noch alles an ihr strubbelig und echt war. Aber leider verschwand sie nach dem Aufstehen schnell im Bad, und wenn sie wieder rauskam, hatte sie sich verwandelt, mit Lippenstift und so. Und dann gefiel sie mir nicht mehr so gut wie davor.

Wenn meine Mutter vom Friseur kam, war sie noch stärker verändert. Es war jedes Mal ein Schock. Ihre Haare waren nach oben toupiert, eine kunstvolle Frisur, in der jedes Haar seinen Platz hatte. Außerdem war sie dann frisch erblondet, und ich durfte die Haarpracht sieben Tage lang nicht berühren. Meiner Mutter gelang etwas, das ich bis heute nicht verstehe: Sie sah eine Woche lang so aus, als käme sie gerade vom Friseur. Sie schlief dann sogar vorsichtig, um die Frisur nicht zu gefährden.

Meine Mutter ging gern und oft zum Friseur. Noch lieber ging sie nur zur Kosmetik. Wenn sie dort fertig war, erkannte ich sie kaum wieder. Die Kosmetikerin stellte schlimme Dinge mit dem Gesicht meiner Mutter an – jedenfalls aus der Perspektive einer Siebenjährigen. Erst hobelte und walkte sie die Farbe aus dem Gesicht meiner Mutter, dann wurde neue Farbe aufgetragen, wobei riesige Quasten und Pinsel zum Einsatz kamen. Ich durfte manchmal zusehen. Jedes Mal sagte die Kosmetikerin einen Furcht einflößenden Satz zu mir: »Wenn du groß bist, darfst du auch zur Kosmetik.« Nach der Kosmetik war meine Mutter damenhaft und sehr fremd. Und wieder durfte ich sie nicht anfassen.

Nach jedem Besuch bei ihrer Kosmetikerin war meine Mutter gut gelaunt und beschwingt. Und sie fragte mich: »Findest du nicht, dass ich jetzt viel jünger aussehe?« Ich verstand die Frage nicht. Warum wollte sie jung aussehen? Sie war eine Dame, mit der man nicht spielen konnte. Wenn dann die Haare und alles andere Damenhafte wieder heruntergefallen waren, war alles wieder gut. Ich durfte sie kämmen. Ich flocht ihr Zöpfe. So fand ich meine Mutter schön. Aber aus irgendeinem Grund war sie nach meiner Behandlung absolut nicht so beschwingt wie nach Friseur und Kosmetik.

Bald wandte sich meine Mutter wieder ihrem Spiegelbild zu und betrachtete ihre Falten. Ich sah ihre Falten nicht. Vielleicht sah ich sie ja doch. Aber sie störten mich nicht. Sie gefielen mir, wie alles an meiner Mutter.

»Was ist so schlimm daran, dass du Falten hast«, fragte ich meine Mutter einmal.

»Ich will nicht alt werden«, antwortete sie.

Ich war schockiert. Bis dahin war mir Altwerden immer als ein erstrebenswerter Zustand erschienen. Zehn werden (zweistellig), 14 werden (Personalausweis), 18 werden (volljährig), das waren doch ganz herrliche Kennzahlen des Altwerdens. Man wartete quälend lange darauf. Auf meinen 10. Geburtstag musste ich am längsten warten, ungefähr 50 Jahre. Dann ging es immer schneller. Die Beschleunigung nimmt stetig zu, und ein Ende ist nicht abzusehen. Inzwischen sind die Jahre nur noch ein paar Wochen lang.

Ich habe so eine innere Uhr für das Verstreichen von Zeit: Fingernägelschneiden und Klopapierrollewechseln. Fingernägel wachsen wahrscheinlich immer gleich schnell, ungefähr einen Millimeter pro Woche. Und trotzdem werden die Abstände, in denen ich sie schneiden muss, immer kürzer. Genauso die Klopapierrollen. Man kommt gar nicht nach mit dem Wechseln.

Ich weiß nicht, wo das mit der Beschleunigung der Zeit noch hinführen soll. Ich bin jetzt Mitte 40. Die erste Hälfte meines Lebens war sehr, sehr lang. Immerzu hat man auf etwas gewartet. Auf Geburtstage. Auf Ostern und Weihnachten. Und auf die Ferien. Die Sommerferien waren unendlich. So lang, dass ich mich am Ende sogar aufs neue Schuljahr freute und auf das Ferienende wartete.

Aber plötzlich wurde alles immer schneller. Am schnellsten sind die letzten fünf Jahre vergangen. Das mit Abstand kürzestes Jahr ist das Jahr, das gerade jetzt am Laufen ist. Es rast an mir vorbei.

Ich warte auf nichts mehr, weil mich immerzu alles überholt, die Geburtstage, Weihnachten, der Sommer und die Urlaube. Früher freute ich mich den ganzen Sommer darüber, dass Sommer ist. Jetzt werde ich schon Anfang Juni schwermütig, weil der Sommer bald zu Ende ist.

An meinem Körper tauchen immer mehr Defekte auf, und es kostet immer mehr Zeit, sie zu reparieren. Es ging mit den Haaren los. Das erste weiße Haar entdeckte ich mit 29. Es war plötzlich da, lang und weiß. Ich weiß noch, wie ich mich wunderte. Es war 30 Zentimeter lang und muss jahrelang unbemerkt gewachsen sein. Ich riss es raus. Ein paar Monate später entdeckte ich das zweite und riss es raus. Drei Wochen später das dritte und schließlich Woche für Woche immer neue. Nach einer Weile sah ich, dass die rausgerissenen Haare nachwuchsen. Sie standen steil in die Luft wie eine Parallelfrisur: ein weißer Igel. Es war ziemlich schwer, die nachwachsenden weißen Igelhaare rauszureißen. Sie waren zu kurz, um sie zu packen. Das war Präzisionsarbeit für die Fingernägel.

Dann merkte ich, dass mit den Fingernägeln etwas nicht stimmte. Es begann mit dem rechten Daumen. Wie viele Frauen bin ich immerzu damit beschäftigt, an meinen Fingernägeln rumzumachen. Mir ist da immer zu viel Haut dran, Nagelhaut und Hornhaut. Und die Nietnägel. Alles Sachen, die ich als Kind nicht hatte und auf die ich auch jetzt gern verzichten würde. Ich muss diese Haut zurückschieben, wegschneiden, glatt feilen und mit Creme behandeln. Was dann noch immer übersteht, wird einfach abgebissen oder mit den Fingernägeln abgerissen. Für die Pflege der Fingernägel sind die Fingernägel sehr wichtig.

Nun aber der Daumennagel, und zwar der rechte! Dem kommt ja beim Graue-Haare-Ausreißen und beim Nietnägel-Ausreißen eine immens wichtige Rolle zu, jedenfalls bei Rechtshänderinnen. Plötzlich aber sah mein rechter Daumennagel so anders aus, wie ein feiner japanischer Steingarten, frisch geharkt, und zwar in Wuchsrichtung.

Ich dachte sofort an eine schlimme Erkrankung und ging zum Hautarzt. Der Arzt lächelte fein und nannte einen Fachausdruck: Längsriffeln. Dann sprach er den Lieblingssatz aller Ärzte: »Da kann man nichts machen.« Damit hätte ich leben können. Aber er musste mir noch einen Satz an den Kopf knallen, mit dem ich weniger gut leben konnte: »Das ist eine Alterserscheinung, Frau Spoerr«, sagte er sehr fröhlich. Ich war 35.

Weil mir der Arzt nicht helfen konnte, das Verfallsdatum meiner Fingernägel zu verlängern, marschierte ich zur Parfümerie Douglas. Die ist für Alterungsprobleme bestens gerüstet. Auch mit Längsriffeln war man dort vertraut. Die Verkäuferin schnappte sich meinen Daumennagel und ein Set mit vier verschiedenen Feilen. Dann feilte und polierte sie zehn Minuten auf meinem Daumen herum. Alle vier Feilen kamen zum Einsatz, bis der Nagel glänzte wie neu. Ich war dankbar und erstand gleich ein Maxiset Feilen. »Das werden Sie brauchen«, sagte die Verkäuferin. »Ihre Fingernägel werden bald alle so aussehen.« Auch kein schöner Satz, aber ich glaubte ihr, wie ich ihr künftig alles glaubte. Den Arzt hatte sie immerhin widerlegt: Man konnte sehr wohl etwas tun gegen das Altwerden.

Ich wollte meine armen alten Fingernägel fortan schonen und das hieß: keine grauen Haare mehr damit ausreißen. Darum kaufte ich bei Douglas gleich noch eine Pinzette dazu.

Weil ich immer mehr graue Haare bekam, nahm die Zahl der Haare, die mir auf dem Kopf verblieben, logischerweise ab. Der Mensch hat durchschnittlich 150 000 Haare. Wenn ich mir jeden Tag 20 ausriss, hätte ich in zwanzig Jahren keine Haare mehr auf dem Kopf gehabt. So konnte es nicht weitergehen. Für die Lösung dieses Problems brauchte ich keinen Arzt, nicht mal die Parfümerie Douglas. Ich ging zum Friseur und ließ die Haare färben. Seitdem ich sie mir nicht mehr ausreißen muss, habe ich ein Problem weniger und viele Haare mehr. Nur meine Kinder schauen mich immer an wie eine Fremde, wenn ich vom Friseur komme. Wahrscheinlich sind sie aber nur sauer, weil ich es nicht mag, wenn sie meine frisch frisierten und gefärbten Haare mit ihren Klebefingern betatschen und mir Zöpfe flechten wollen.

Ich will die neuen Haare nicht verschweigen. Sie wachsen leider nicht auf dem Kopf. Eher am Kopf. Seit ich auf der Welt bin, habe ich auf der Wange einen Leberfleck. Ich weiß, das ist ein hässliches Wort, und ich habe fast eine Woche über ein Synonym nachgedacht, das weniger peinlich ist als »Leberfleck«. Mir fiel nichts ein. Was sicher daran liegt, dass peinliche Dinge einfach peinliche Namen tragen müssen. Solange ich klein war, war der Leberfleck auch noch nicht peinlich, sondern »süß«. Das sagten jedenfalls meine Tanten. Anfang 30 wurde plötzlich aus dem süßen Ding ein ausgesprochen vitaler Urwald. Erst spross ein Haar, dann zwei, drei, viele. Wenn ich irgendwann mal eine kahle Stelle auf dem Kopf bekommen sollte, könnte ich mühelos Haare von hier transplantieren. Aber solange das noch nicht nötig ist, bleibt die Pinzette im Einsatz.

Für den Leberfleck und – die Augenbrauen. Meine Augenbrauen werden aus unerfindlichen Gründen immer breiter. Klassisches Einsatzgebiet einer Pinzette.

Mein Freund findet es peinlich, wenn Frauen Haare aus Leberflecken und so wachsen. Er hat zwar recht, aber er sollte lieber den Mund halten. Denn bei ihm wachsen Haare an Stellen, wo sie sogar bei Männern nicht hingehören. Aus der Nase etwa und aus den Ohren. Seine Augenbrauen könnten locker mit denen von Theo Weigel mithalten. Und wenn sie es nicht tun, dann deswegen, weil es in unserem Haus diese Qualitätspinzette gibt, die auch mein Freund benutzen darf. Es war klug von mir, dass ich damals bei Douglas in eine richtig gute Pinzette investiert habe. Solinger Edelstahl, gebürstet. Mit der macht das Haareausreißen richtig Spaß.

Es würde noch viel mehr Spaß machen, wenn meine Augen so gut wären wie früher oder wenigstens so gut wie meine Pinzette. Wenn man etwas so Kleines und so gut Getarntes wie einen schwarzen Haarstoppel auf einem schwarzen Leberfleck genau sehen will, sollte man möglichst nah herangehen. So kannte ich es von früher, als ich noch superscharfe Augen hatte.

Das finde ich wirklich merkwürdig: Ich hatte Jahrzehnte superscharfe Augen, obwohl ich sie gar nicht brauchte. Und genau dann, als ich die scharfen Augen hätte gebrauchen können, um Augenbrauen- und Leberfleckhaare zu entfernen, machten sie schlapp. Wie unpraktisch die Natur das wieder eingerichtet hat.

Die Ärzte hatten bereits ein charmantes Wort für mein Leiden parat: Altersweitsichtigkeit. »Da kann man leider nichts gegen machen, Frau Spoerr«, sagte der Augenfacharzt, als ich ihn frage, wann meine Augen wieder gesund würden. Diesmal konnte nicht mal die Parfümerie Douglas helfen. Der Augenarzt riet mir zur Anschaffung einer Brille.

Ich will die anderen Alterserscheinungen nicht unterschlagen: die Falten. Darauf war ich ja schon durch meine Mutter vorbereitet. Ich wusste, dass Falten nicht glücklich machen. Worauf ich aber nicht vorbereitet war, das war die überraschende Vielfalt, in der Falten auftreten. Da wäre der Klassiker, die Längsfalten, aufgelockert durch steile Querfalten, beides auf der Stirn anzutreffen. Um den Mund herum finden sich Rosettenfalten. Davon bin ich bisher verschont geblieben. Aber bei meiner Freundin Sabrina kann ich sie betrachten. Ich sage nicht, dass ich mich an ihren Falten weide. Ich tue das schon deswegen nicht, weil ich nicht sicher bin, ob ich für allzu schlechte Gedanken nicht vielleicht von einer höheren

Instanz bestraft werde. Auge um Auge, Falte um Falte, Haar um Haar?

Jedenfalls sind die Rosettenfalten um Sabrinas Mund herum eine Augenweide für missgünstige Menschen. Wenn man missgünstig wäre, könnte man die Rosettenfalten als eine Art ausgleichender Gerechtigkeit betrachten, denn Sabrina sieht ansonsten ziemlich gut aus und, noch schlimmer, sie hat ungefähr 200 Mitarbeiter unter sich. Sie hat richtig was zu sagen mit ihrem Rosettenfaltenmund. Man kann halt nicht alles haben, oder? Jedenfalls: Wenn Sabrina O sagt, verwandelt sich ihr Mund in eine Art Faltenrock. Noch schimmer ist es beim U. Und am allerschlimmsten ist es, wenn sie eine Zigarette zwischen die Lippen steckt. Dann kriegen ihre Falten etwas geradezu Obszönes.

Ich finde es wirklich merkwürdig, dass jemand, dessen Mund möglicherweise an einer genetischen Prädisposition für Rosettenfalten leidet, diesen Mund auch noch derart zur Schau stellt, wie es beim Rauchen nun mal der Fall ist. Aber ich sage ihr das natürlich nicht. Ich schaue ihr beim Rauchen zu und denke an die vielen Frauen, die bei diesem Anblick Schadenfreude empfinden würden.

Nicht ganz so hässlich wie die Rosettenfalten sind die Kräuselfalten in den Mundwinkeln. Nicht dass sie schön wären, sie sind nur etwas weniger hässlich. Auf der Skala der Grausamkeiten ungefähr in der Mitte liegt die Nasolabialfalte, die von den Mundwinkeln aufwärtssteigt bis zu den Nasenflügeln, während sich Richtung abwärts das Wangenfleisch hängen lässt, um ein Hängebäckchen auszuprägen. Die Nasolabialfalte nimmt jedem Frauengesicht sofort das Weiche, Feminine. Diese Falte ist so ziemlich das Männlichste, was ein Frauengesicht aufweisen kann. Männlicher als die Oberlippen-, Kinn-,

Leberfleck- oder sonstige Haare, die man herausreißen kann. Das gelingt bei Falten nicht.

Der Vorteil des auch nicht gerade kleidsamen Hängebäckchens: Es macht nicht männlich, sondern einfach nur alt. Frauen mit Hängebäckchen sehen aus wie alte Frauen. Männer mit Hängebäckchen sehen auch aus wie alte Frauen.

Die Augen kriegen es besonders fett ab: über dem Auge das Schlupflid, unter dem Auge der Tränensack und neben dem Auge die Krähenfüße. Und wer nun glaubt, die Ohren kommen faltenlos davon, der sollte mal richtig hinschauen. Dort, wo das Ohrläppchen am Kopf angewachsen ist, bildet sich am 40. Geburtstag jedes Menschen eine doppelte Senkrechtfalte. Diese Senkrechtfalte ist bisher von der Kosmetikindustrie noch nicht genügend gewürdigt worden. Alle Welt spricht über Tränensäcke und Krähenfüße, aber niemand nimmt diese senkrechte Ohrfalte ernst. Dabei ist sie besonders traurig, wie sie da sitzt. Traurig und diskret zugleich. Und sie macht keine Unterschiede, wie die anderen Falten, sie verschont niemanden. Jeder hat sie am Morgen nach dem 40. Geburtstag.

Bei allen anderen Falten ist klar, wovon sie kommen: die Krähenfüße vom Lachen, die Nasolabialfalte vom Grinsen, der Rosettenmund vom Rauchen, die Stirnfalten vom Wundern. Aber woher die Ohrfalten kommen – keine Ahnung. Sackt das Ohr nach unten? Und wenn ja, warum? Oder dehnt sich die Stelle über dem Hals, wo das Ohr angewachsen ist?

Aber eigentlich ist es auch egal. »Dagegen kann man nichts machen«, sagen die Ärzte, aber denen traue ich schon lange nicht mehr. Da gehe ich doch lieber direkt zu Douglas, denn die nehmen meine Probleme richtig ernst. Meine Lieblingsverkäuferin zum Beispiel nimmt meine Falten genauso ernst wie ich. Auch für sie ist Falte nicht gleich Falte. Sie hat für jede Falte ein oder mehrere Regale mit Spezialmitteln. Das ist ein enorm beruhigender Anblick. Sie käme nie auf die Idee zu behaupten, dass man Fältchen unter dem Auge mit der gleichen Creme behandeln darf wie Fältchen neben dem Auge. Denn es gibt Spezialtinkturen für einfach alles: für den jungen, den mittelalten und den reifen Tränensack und für den Krähenfuß light, medium oder 40+. Wer sich abends im Bad mit einer Gesichtsnachtcreme für Mischhaut über 40 begnügt, kann auch gleich zu Nivea greifen, also völlig würdelos altern, meint sie. Und weil ich ihr einfach alles glaube, bin ich nach jedem Besuch in ihrer Filiale um viele Euros erleichtert.

Ich würde die Worte meiner Lieblingsverkäuferin bei Douglas nie anzweifeln. Man kann etwas gegen das Altern tun, das hat sie mir bewiesen. Aber manchmal … manchmal bedrängen mich Fragen.

Zum Beispiel morgens im Bad: Man cremt, man zupft, man poliert, man übermalt. Man schiebt die Gesichtshaut hin und her und versucht oben zu halten, was die Schwerkraft nach unten reißen will. Es braucht immer mehr Zeit, bis das alles erledigt ist. Ich muss immer früher aufstehen, damit ich diese Arbeiten erledigt kriege. Das Bad frisst immer mehr Zeit, was eines Tages zum Problem werden könnte, da die Zeit ja immer schneller vergeht. Werde ich eines Tages meine gesamte Zeit im Badezimmer verbringen?

Neulich, als ich gerade wieder damit beschäftigt war, meine Gesichtshaut hin- und her zu schieben, fragte mich meine Große: »Warum findest du es schlimm, dass du Falten hast?«

»Ich will nicht alt werden«, antwortete ich und versprach ihr, mich morgen zur Kosmetikerin begleiten zu dürfen. Ich weiß, dass das gemein von mir war. Aber manche Dinge kann man nicht früh genug lernen.

DIE WAHRHEIT ÜBER KONKURRENZ

Warum Frauen Frauen nicht leiden können

Vor einigen Jahren las ich einen Aufsatz von Arthur Schopenhauer. »Über die Weiber« ist der Titel. Es gab vor mir schon einige, die sich über diesen Aufsatz aufgeregt haben. Zu Recht: Es handelt sich um ein Machwerk von Hass und Verachtung. Ich habe keine Ahnung von Philosophie, ich finde alles, was Philosophen schreiben, ziemlich unverständlich. Aber den Schopenhauer verstand ich. Der Typ war ein psychopathischer Frauenhasser.

Warum hasst ein kluger Mensch die halbe Menschheit, fragte ich mich. Die Antwort war dann ganz leicht gefunden: Er hatte persönlich ein bisschen Pech mit dem weiblichen Geschlecht. Es interessierte sich nicht wirklich für Herrn Schopenhauer. Die Mutter verweigerte ihrem Sohn die Huldigung. Mutter Schopenhauer zog es vor, selbst Huldigungen entgegenzunehmen. Sie war Schriftstellerin. Und später, als Arthur anfing, sich für Frauen zu interessieren, interessierte sich nie irgendeine Frau zurück. So was passiert. Da kann man schon mal zum Frauenhasser werden. Auch heute noch.

Ich würde Schopenhauer gern bemitleiden oder verabscheuen oder der Dummheit beschuldigen. Aber leider kann ich nicht vergessen, was er im Jahre 1851 über die Frauen gesagt hat. Weil ich immerzu Frauen begegne, die sich genau-

128

so benehmen, wie Schopenhauer es beschrieben hat. Ich hasse Frauen nicht. Das will ich jetzt noch schnell sagen. Es ist nur so, dass manche so sind, dass ich den Frauenhasser Schopenhauer ziemlich gut verstehe.

Eigentlich finde ich Frauen toll. Grundsätzlich und abstrakt meine ich. Im abstrakten Frauentollfinden bin ich gut. Nur das konkrete Frauentollfinden klappt noch nicht so richtig.

Ich hasse Frauen wirklich nicht. Beweis: Vor einer Weile habe ich einen Zeitungsartikel verfasst, mit dem ich meinen Beitrag zum abstrakten Frauentollfinden leistete. Darin forderte ich die Frauenquote. Frauen sind genauso gut wie Männer, schrieb ich in dem Artikel. Sie können das Gleiche. Sie können sogar ein bisschen mehr, schrieb ich. Wer Frauen hasst, fordert nicht die Frauenquote, oder?

Es ist klar, dass Frauen mehr können als Männer. So klar, dass es an Wortverschwendung grenzt, das zu erklären: Ich meine mit Mehrkönnen nicht, dass Frauen Kinder kriegen können. Ich finde, dass Frauen sich nicht allzu viel einbilden müssen auf diese Fähigkeit. Es ist etwas, das sie ohne eigenes Dazutun können. Sie können einfach so Kinder kriegen. Ein Geschenk der Biologie.

Aber das, was nach dem Kinderkriegen kommt, ist nicht mehr ganz so leicht hinzukriegen. Das Kinder-Großkriegen. Gut großkriegen. Mit stillen nach Bedarf und jahrelangem Schlafentzug, mit Hausaufgabenkontrolle und nachts trösten, mit Klavierunterricht und Ballettaufführung, mit hinbringen und abholen, mit Gesprächen und Tischmanieren und erzählen und zuhören. Und vor allem, mit arbeiten gehen, Geld verdienen, selbstständig sein. Meetings, Konferenzen, Dienstreisen und Wochenendeinsätze. Auf dem Weg ins Büro sieben Telefonate führen, eigene Termine, Termine der Kinder,

Termine der Freunde der Kinder. Und, ganz nebenbei, kaum der Rede Wert, die Wäsche waschen, das Essen kochen, den Wocheneinkauf schleppen. Weihnachtsgeschenke, Geburtstagseinladungen, Faschingskostüme, Elternversammlungen, Kuchenbasare, Halloween- und Laternenumzüge.

Ich kenne inzwischen allerhand Männer, die in der Elternzeit für ein paar Wochen oder Monate ausprobieren, wie es ist, eine Frau zu sein. Nicht alle machten diesen Job total hundsmiserabel. Aber alle Frauen, die ich kenne, durch die Bank, machen diese drei Jobs, Haushalt, Kinder, Büro, besser als ihre Männer. Dafür bewundere ich meine Geschlechtsgenossinnen. Ich bewundere Frauen, die Mütter sind und berufstätig und allein auf ihren beiden Beinen stehen und die nicht umkippen, sobald der Mann weggeht. Ich bewundere sogar manchmal mich selbst. Dann ist mir Schopenhauer so fern wie die Milchstraße.

Und in einem solchen Anfall von Bewunderung verfasste ich jenen Artikel, der mit den Worten endete: »Ich fordere die Frauenquote«. Mein Chef machte dazu die sehr hübsche Überschrift: »Frauen, erlöst dieses Land!« Die Überschrift gefiel mir. Aber bewirkt hat natürlich weder die Überschrift noch mein Text irgendetwas.

»Frauen, erlöst dieses Land!«, klingt wirklich gut. Es klingt nach weiblicher Selbstbestimmung und nach Zusammenhalten und absolut nicht nach Schopenhauer. Es klingt nach Macht der Masse. Es klingt nach: Wir Frauen müssen uns nur zusammentun und uns holen, was uns zusteht, nämlich die Hälfte. Dass uns eigentlich ein bisschen mehr zusteht als die Hälfte, weil wir ja auch mehr leisten, lassen wir großzügig unter den Tisch fallen. Wir schenken es den Männern – aus Gründen der Gerechtigkeit und der Demokratie.

Es wäre schön, wenn Frauen so funktionieren würden. Leider tun sie es nicht. Jedenfalls nicht nach meiner privaten Erfahrung. Es ist nur meine Privatgeschichte mit Frauen. Unmaßgeblich und nicht repräsentativ. Aber immerhin schon einige Jahrzehnte während. Jetzt komme ich zu dem anderen Punkt: Konkretes Frauengutfinden – darin bin ich schlecht.

Und meine Privaterfahrung endet mit dem Privatfazit: Frauen halten einfach nicht zusammen. Frauen sind komplett markwirtschaftliche Wesen. Sie sind keine Wesen der Solidarität, sondern Wesen der Konkurrenz. Mit anderen Worten hatte Schopenhauer das Gleiche gesagt.

Ich finde es wirklich ungerecht, dass Frauen so wenig zu sagen haben, in der Politik, in der Wirtschaft, wo auch immer. Als politischer Mensch empört mich das. Als Frau hingegen atme ich heimlich auf. Ich habe einfach zu viele schlechte Erfahrungen gesammelt mit Frauen, die mir etwas zu sagen hatten. Ich hatte in meinem Leben schon ein paarmal eine Frau als Chef. So richtig toll war das nie. Und mit weiblichem Zusammenhalten, Macht der Masse oder gar mit »Erlösung des Landes« hatte es rein gar nichts zu tun.

Wenn Frauen so drauf wären, wie in der Überschrift zu meinem Artikel gefordert, also so, dass sie dieses Land erlösen wollen würden, dann würden sie doch zusammenhalten, oder? Sie würden eine Chefposition nutzen, um andere Frauen zu sich hochzuziehen. Solidarisch. Das habe ich aber nie erlebt. Es war immer so, dass eine Frau, die Chefin wurde, von den Frauen, denen sie vorgesetzt worden war, ziemlich wenig wissen wollte. Konkurrenz. Es war ihr viel wichtiger, dass die Männer sie gut fanden. Männer hatten sie ja auch hochgebracht.

Bei meiner ersten Chefin war das Problem noch ziemlich leicht zu durchschauen. Ich war damals noch sehr jung, und sie war damals schon ziemlich alt. Nicht richtig alt, das wäre ja gegangen. Sondern zu alt. Mitte 40, schätze ich. Mitte 40 ist im Leben einer Frau viel schlimmer als Mitte 60. Es ist ein trauriges, ein einsames Alter, ein Alter voller Abschiede. Wenn ich an ihrem Schreibtisch vorbeiging, glotzte sie mir auf den Busen. Ich gab mir große Mühe, sie mit meiner Arbeit zu beeindrucken, aber sie interessierte sich gar nicht dafür. Sie interessierte sich nur für die Männer ihrer Abteilung. Sie war eine Mitte-40-jährige Powerflirterin. Sie liebte die Männer, und sie hasste meinen Busen.

Meine zweite Chefin war nur noch ein paar Jahre älter als ich, und sie war richtig hübsch. Mit eigenem Busen und eigenem Hintern. Sie war eine von denen, die gern mit den Großen spielte, also mit ihrem Chef oder mit dem Chef des Chefs. Wann immer sie einen Chef zu fassen kriegte, drehte sie richtig auf. Sie schüttelte die Locken und ließ es verbal krachen. Sie genoss es, vor versammelter Mannschaft unseren Oberchef runterzumachen. Und der Oberchef mochte das. Er nahm sie richtig ernst, und außerdem mochte er auch ihre lockige Mähne und so. Wir bewunderten sie. Wir beneideten sie auch. Und sie kostete es richtig aus, diese Gewissheit, von uns bewundert und beneidet zu werden.

Sie hatte vor nichts Angst. Nur davor, dass irgendeine andere Frau daherkam und ihre Stellung gefährdete. Also ihre Stellung als Frau, die sich was traute. Davor, dass eine andere Frau auch so tat, als hätte sie keine Angst, und davor, dass eine andere Frau versuchte, mit den Großen zu spielen und ihre Mähne zu schütteln. Da hörte es ganz schnell auf bei ihr. »Komm doch mal in mein Büro«, hieß es dann, und was dann abging, hatte mit weiblicher Solidarität oder mit »Erlösung des Landes« nicht viel zu tun. Dann ging es ums Eingemachte: um fehlerhafte Spesenabrechnungen, um überzogene Mittagspausen oder darum, dass irgendjemand, dessen Namen sie nicht nennen durfte, sich gerade sehr über die Performance genau dieser Kollegin beschwert hatte.

Die lockige Chefin zog ihre Anschuldigungen sehr sachlich und präzise aus der Tasche. Wie ein Großinquisitor im mittelalterlichen Hexenprozess. Und genau wie beim Hexenprozess konnte niemals eine Angeklagte gewinnen. Es war nun mal ihr Mantra, die weibliche Konkurrenz auszuschalten.

Nachdem ich das erste Mal in ihr Büro gerufen wurde, war mir die Lust vergangen, jemals wieder vor einem männlichen Vorgesetzten die Mähne zu schütteln. Nach dem zweiten Ruf nahm ich mir vor, nie wieder eine kreative Idee zu äußern und in Gegenwart männlicher Vorgesetzter lieber ganz zu schweigen. Nach dem dritten Mal kündigte ich.

Später hatte ich dann noch einmal eine Frau als Chef. Sie war ein paar Jahre jünger als ich. Alles in Ordnung also an dieser Front, und es hätte eine tolle Frauenseilschaft werden können. Wir waren außerdem Mitglieder im selben Fitnessstudio, und es war nicht zu vermeiden, dass wir uns öfter über den Weg liefen. Gemeinsames Work-out, gemeinsames Schwitzen in der Sauna – das schweißt zusammen, könnte man meinen.

Und ich ging wirklich sehr vorsichtig mit ihr um. Sie erzählte mir in jeder Saunarunde von ihren Hunden, und ich tat so, als würden ihre Hunde mich ernsthaft interessieren. Ich vermied es peinlich, ihr mit Geschichten von meinen Kindern zu kommen. Ich bin doch nicht blöd und erzähle einer Frau, die keine Kinder hat, Geschichten von meinen Kindern. Frauen ohne Kinder mögen Frauen mit Kindern nun mal nicht. Konkurrenz. Ihre Hunde gingen einfach vor.

Und außerdem: Als Chefin war sie richtig in Ordnung. Es funktionierte gut mit ihr, rein arbeitstechnisch. Sie machte einen tollen Job. Ich schmiss mich in die Projekte, und sie lobte, ja, sie lobte und lobte und lobte Frauen für gute Ideen. Sie hatte das Zeug dazu, das Land zu erlösen, aber als sie die Karriereleiter einen Schritt weiter nach oben kletterte und sich zwei Kollegen aussuchen konnte, die sie mitnehmen konnte auf ihren Weg, da wählte sie die einzigen beiden Männer der Abteilung. Ich habe sie nie gefragt, warum, ich weiß es auch so. Konkurrenz.

Eins habe ich in meinem Berufsleben gelernt: Unterm Strich sind es immer Männer, die Karrieren von Frauen ebnen. Es gibt Männer, die Frauen fördern, weil ihnen ihre Locken und andere weibliche Attribute gefallen. Und es gibt Männer, die Frauen fördern, weil ihnen ihre Arbeit gefällt. Was ich aber noch nie gesehen habe, ist eine Frau, die eine Frau förderte. Aber bestimmt habe ich nur nicht richtig hingeschaut.

Merkwürdigerweise gibt es zwischen Frauen auch dort Konkurrenz, wo es gar keine Chefs gibt. Also da, wo es keine Hierarchien gibt, keine Verträge und keine Weisungsbefugnisse. Irgendwie finden Frauen immer was, womit sie sich vergleichen können, sogar in ihrer Freizeit. Ich habe die Erfahrung gemacht, dass die schlimmsten Konkurrentinnen die Frauen sind, die am wenigsten haben, womit sie konkurrieren können. Hausfrauen.

Ich war selbst zweimal Hausfrau. Also im Sinne von Verzicht auf eigenes Einkommen, Abhängigkeit vom männlichen Ernährer zum Zweck der Pflege eines jeweils sehr kleinen Babys. Es war die langweiligste Zeit meines Lebens, und ich habe nach jedem Kind versucht, so schnell wieder an die Lohnarbeit zu kommen, wie es die Umstände erlaubten. Nicht alle

Frauen wollen oder können das. Sie leben im Zustand lebenslanger Abhängigkeit. Die Hausfrauen tun mir sehr, sehr leid.

Die Hausfrau hat ja eigentlich gar nichts, selbst wenn sie alles hat. Sie lebt von der Gunst ihres Ernährers. Der kann sie jederzeit vor die Türe setzen. Sie stehen nicht auf ihren eigenen Beinen. Wenn der Mann weggeht, fällt die Hausfrau einfach um. Darum müssen sich Hausfrauen wahnsinnig ins Zeug legen, um ihren Platz zu erhalten.

Ich stelle es mir unheimlich anstrengend vor, was Hausfrauen so alles leisten müssen. Ich meine nicht den Haushalt und die Kinder – um das auf die Reihe zu kriegen, muss man ja nicht Hausfrau sein. Aber den Mann bei der Stange halten. Seinen Respekt verdienen müssen. Gegen seine latente Verachtung anarbeiten. Gegen die Verachtung der selbstständigen Frauen anarbeiten. Gegen die Selbstverachtung anarbeiten. Ich kann die Selbstverachtung verstehen, ich habe sie selbst erlebt, wenn auch nur vorübergehend: Sie hat Abitur. Sie hat einen Uniabschluss. Vielleicht hat sie sogar noch eine Promotion hingelegt. Und dann macht sie Haushalt und Kinder und Gattin.

Die Abhängigkeit von der Kreditkarte des Ehemanns macht, dass alles, was eine Hausfrau so tut, zur Leistung wird. Schlimmer – zur Gegenleistung. Zur Dienstleistung für den Ehemann. Kindeserziehung als Dienstleistung für den Ehemann, Haus putzen als Dienstleistung für den Ehemann, Sex als Dienstleistung für den Ehemann.

Wahrscheinlich gibt es deswegen kaum noch Hausfrauen, weil es sich im Zeitalter der weiblichen Marktwirtschaft um einen völlig unattraktiven Lebensentwurf handelt. Das Abitur, das Studium, die Promotion und eigentlich die ganze Gleichberechtigung für die Katz. Bis hierhin tun mir Hausfrauen wirklich nur leid. Unsympathisch werden sie erst, wenn sie die Marktwirtschaft beschleunigen wollen. Wenn sie sich vergleichen. Wenn sie sich Konkurrenz machen.

Das geht so: Sie haben ja kein eigenes Geld. Also vergleichen sie den Kontostand ihrer Männer. Sie haben keine eigenen Jobs. Also vergleichen sie die Jobs ihrer Männer. Sie fahren die Autos ihrer Männer, sie bewohnen die Häuser ihrer Männer, sie shoppen, reisen, schlagen ihre Langeweile tot – mit den Kreditkarten ihrer Männer. Und dann vergleichen sie.

Die Hierarchie ist simpel. Der Golf ist das Einstiegsmodell der Hausfrauen, einfach weil es unter der Golfkategorie keine Hausfrauen gibt. Eine Hausfrau, die einen Golf vor dem Kindergarten parkt, steht unter der Frau, die mit einem Mercedes kommt. Aber wenn eine Hausfrau im Cayenne anrollt, ist das Rennen entschieden. Da kann Hausfrau nichts machen, höchstens dem Mann am Abend Vorwürfe. Aber nicht zu sehr, sonst läuft er weg, und sie kippt um, ohne eigene Beine.

Natürlich machen die meisten Hausfrauen auch richtig sinnvolle Sachen: ihre Kinder. Allerdings ist die Konkurrenz nirgends so groß wie beim Vergleichen der Kinder. Golf-Hausfrauen, die gegen die Mercedes-Hausfrauen keinen Schnitt machen, können das mit hochbegabten Kindern wieder gutmachen. Oder mit vielen Kindern. Oder mit vielen hochbegabten Kindern. Wer zwei, drei, vier hochbegabte Kinder vorzuweisen hat, liegt im weiblichen Konkurrenzkampf weit vorn.

Und dann ist da noch die Cross-over-Konkurrenz. Die Konkurrenz zwischen den berufstätigen Frauen und den Hausfrauen. Normalerweise laufen sich die beiden Typen gar nicht über den Weg. Sie teilen nicht den gleichen Biotop, ähnlich wie Pinguin und Eisbär. Und doch begegnen sie sich phasenweise, was man von Eisbär und Pinguin normalerweise nicht sagen kann. Sie begegnen sich vor der Schule oder vor dem Kindergarten. Und vergleichen sich. Berufstätige Frauen zeigen den Hausfrauen dann gern, wie extrem tough sie sind. »Du, ich muss los, hab gleich in zehn Minuten eine Telefonkonferenz« – an die Adresse einer Hausfrau ist das eigentlich eine schallende Ohrfeige. Aber die Hausfrau kann sich auch rächen. Zum Beispiel mit einem Satz wie: »Glaubst du, dein Kleiner hält es heute bei minus zehn Grad ohne Mütze aus?«

Neulich beschwerte sich auf Facebook eine Facebook-Freundin, eine berufstätige Frau, Mutter und Frauenquoten-Befürworterin darüber, dass ihre anderen Facebook-Freundinnen auf Facebook immerzu mit ihren hervorragenden Kindern angäben. Sie kriegte es ziemlich heftig zurück. Viel schlimmer, motzte eine Facebook-Freundin zurück, seien die Frauen, die auf Facebook immerzu mit ihrem tollen Job angäben. Noch viel schlimmer, postete eine andere zurück, seien die, die immerzu mit ihren tollen Partys angeben. Aber am allerschlimmsten seien die, die damit angeben, wie toll der Sex ist, den sie angeblich haben und den die Posterin ihnen offenbar nicht abkaufte, denn sonst hätte sie wohl kaum zu dem Wörtchen »angeblich« gegriffen.

Ich las die ganzen Vorwürfe und Unterstellungen und fand, dass sie absolut alle recht hatten. Und Schopenhauer hätte es wahrscheinlich auch gefunden.

»Die Weiber denken in ihrem Herzen, die Bestimmung der Männer sei, Geld zu verdienen, die ihre hingegen, es durchzubringen; wo möglich schon bei Lebzeiten des Mannes, wenigstens aber nach seinem Tode. (…)

Zwischen Männern ist von Natur bloß Gleichgültigkeit; aber zwischen Weibern ist schon von Natur Feindschaft. Es kommt wohl daher, dass das odium figulinum, welches bei Männern sich auf ihre jedesmalige Gilde beschränkt, bei Weibern das ganze Geschlecht umfasst; da sie alle nur ein Gewerbe haben. Schon beim Begegnen auf der Straße sehn sie einander an wie Guelfen und Ghibellinen. (...)

Ferner, während der Mann, selbst zu dem tief unter ihm Stehenden, doch, in der Regel, immer noch mit einer gewissen Rücksicht und Humanität redet, ist es unleidlich anzusehn, wie stolz und schnöde meistentheils ein vornehmes Weib sich gegen ein niederes (nicht in ihrem Dienste stehendes) gebärdet, wann sie mit ihr spricht. Es mag daher kommen, daß bei Weibern aller Unterschied des Ranges viel prekärer ist, als bei uns, und viel schneller sich ändern und aufheben kann; weil, während bei uns hundert Dinge auf die Waagschale kommen, bei ihnen nur Eines entscheidet, nämlich welchem Manne sie gefallen haben; wie auch daher, daß sie, wegen der Einseitigkeit ihres Berufs, einander viel näher stehn, als die Männer, weshalb sie die Standesunterschiede hervorzuheben suchen.«

Ein böser Aufsatz von einem bösen Mann. Aber leider wahr.

DIE WAHRHEIT ÜBER DAS MUTTERSEIN

Warum Frauen alles für ihre Kinder tun

Das Besondere am Muttersein ist, dass man sein Kind so sehr liebt. Mehr als sich selbst. Mehr als den Vater des Kindes. So sehr, dass man alles für dieses Kind tun würde. Das sagt sich so leicht. Man könnte meinen, es wäre dahingesagt. So wie Ewigkeitsschwüre zwischen Mann und Frau. In mindestens 50 Prozent der Ehen waren die Ewigkeitsschwüre dahingesagt, denn so hoch ist die Scheidungsquote. Hinzu kommen die dahingesagten Ewigkeitsschwüre der nicht geschiedenen Ehen. Ich schätze mal, dass die Hälfte der Nichtgeschiedenen sich auch gern scheiden ließe, es aber lässt. Der Kinder, des Geldes, der Konvention oder der Dummheit wegen. Massenweise dahingesagte Schwüre zwischen Mann und Frau. Nicht gelogen. Sondern geirrt. Gefühle zwischen Mann oder Frau sind endlich. Punkt.

Bei Kindern ist es anders. Es gibt kein Ende der Gefühle. Wenn eine Mutter sagt: »Ich tue alles für mein Kind«, dann stimmt das. Nicht nur heute, sondern so lange, wie sie Mutter sein wird. In den Kriegen der Vergangenheit war es praktisch an der Tagesordnung, dass eine Mutter für ihr Kind ihr Leben gab. Wenn Bomben fielen, wenn man auf der Flucht war, wenn das letzte Essen geteilt werden musste.

Gottlob kommen wir in unserer friedlichen Gegenwart

nicht mehr so oft in die Lage, unser Leben für das Leben unserer Kinder geben zu müssen. Aber es gibt auch in Friedenszeiten viele, viele Gelegenheiten zum Geben. Wir sind Chauffeur, Privatlehrer, Putzfrau und Dienstbote unserer Kinder. Das ist oft ätzend langweilig, und der Frust quält Mütter genauso wie die Sinnfrage. Aber manchmal – manchmal macht es auch richtig Spaß. Zum Beispiel neulich auf Mallorca:

Unser Urlaub dort war wirklich rundum gelungen, aber er endete in einer Katastrophe. Klara verlor Wuffi. Klara ist zehn Jahre alt, Wuffi ungefähr 30. Trotz des Altersunterschieds verbindet Klara und Wuffi eine große Freundschaft. Nein, »große Freundschaft« trifft es nicht. Man muss es Liebe nennen.

Die beiden verbringen seit Klaras Geburt fast jeden Tag miteinander. Klara trägt Wuffi, weil er allein nicht gehen kann. Sie schleppt ihn auf dem Arm oder im Rucksack. Wuffi ist Klaras ständiger Begleiter.

Natürlich fragt Klara Wuffi nicht, ob er Lust dazu hat. Er muss, auch wenn er nicht will. Dafür streichelt und bürstet Klara ihn, und sie vertraut ihm ihre Geheimnisse an. Wuffi kann zwar nicht sprechen, aber er ist ein guter Zuhörer. Und er kann gut trösten.

Als Klara klein war, tröstete er sie über Kleinemädchensorgen hinweg, also über Mückenstiche, bekleckerte Lieblingskleider, endlose Autofahrten. Seit Klara groß ist, tröstet er sie bei präpubertären Sorgen. Zu den Mückenstichen, den bekleckerten Lieblingskleidern und den endlosen Autofahrten sind vor allem die peinlichen Eltern dazugekommen. Wuffi hat viel zu trösten, rund um die Uhr. Ja, Wuffi und Klara schlafen auch im gleichen Bett.

Es war Klara, die Wuffi vergaß. Schuld aber waren: wir. Weil wir früh von der Finca aufbrechen wollten. Weil wir vor dem

Flug noch Zeit übrig hatten. Weil wir die letzte Urlaubsstunde vor dem Heimflug in der Sonne genießen wollten. Weil wir darum nicht direkt zum Flughafen, sondern eine Autobahnabfahrt weiter fuhren, an den Strand von Palma, um dort einen allerletzten Kaffee zu trinken. Egal wo, der Kaffee würde schon schmecken, denn der Kaffee schmeckt in Spanien überall. Kaffee können die Spanier.

Ja, so war es. Wir hatten für diesen allerletzten Urlaubskaffee die erstbeste Strandbar an der endlosen Promenade von Palma gewählt. Denn vor dem Café, gleich neben einer auffällig breiten Garageneinfahrt, war gerade ein winziger Parkplatz frei geworden, auf den wir uns quetschten. Leckerer Kaffee, herrlicher Blick auf die Bucht. Schön war das.

Klara, zehnjährig und darum nicht immer gut gelaunt, hatte natürlich protestiert. Gegen die endlose Autofahrt und gegen ihre Mückenstiche. Gegen den Kaffee, gegen das Café. Gegen die Häuser der Promenade, die sie hässlich fand, vor allem gegen ein blaues Haus mit weißen Fenstern, das uns peinlichen Eltern gar nicht aufgefallen war. Gegen alles.

Klara mag es nicht, wenn wir Kaffee trinken gehen. Und sie stieg auch nur deswegen aus dem Auto, weil sie zu Recht fürchtete, Ärger zu bekommen, wenn sie ihrer präpubertären Empörung freien Lauf gelassen hätte. Und außerdem wehte vor dem Café eine Langnese-Fahne. Um die peinlichen Eltern ertragen zu können, hatte Klara schnell und heimlich Wuffi aus ihrem Rucksack gezerrt und mitgeschleppt. Wuffi sollte sie über die Zumutung hinwegtrösten, hier und jetzt einem weiteren elterlichen Kaffee assistieren zu müssen. Der ungefähr hundertste des Tages, mindestens. Erwachsene sind einfach schrecklich.

Dann war plötzlich die Zeit rum, wir mussten uns beeilen. Wo blieb eigentlich die Rechnung? Wie kam man auf die

Schnelle zum Flughafen? Zur Autovermietung? Zum richtigen Terminal? Hektik entstand. Auch unsere Schuld. Klar. Zehn Minuten später hatten wir den Flughafen und den Autovermieter gefunden. Eine richtig gute Planung war das, dachte ich. Perfektes Timing, gelungener Urlaubsabschluss, dachte ich. Da hörte ich von der Rückbank ein Wimmern, das nichts Gutes verhieß.

Ich drehte mich um mit dieser Vorahnung, die Eltern manchmal erfasst, und sah mein zusammengekauertes Kind. Es verbarg sein Gesicht in den Händen. Unter den Fingern sprudelten Tränenbäche hervor. Klara, die sonst nicht auf den Mund gefallen ist, konnte sehr lange nicht sprechen. Ich dachte schon an das Schlimmste, Blinddarmdurchbruch, Hitzschlag oder Ähnliches. Doch an das Allerschlimmste dachte ich nicht.

»Wuffi ist weg«, flüsterte Klara irgendwann.

Ich sagte nicht: »Das ist nicht so schlimm. Wir kaufen einen neuen. Du hast doch noch den Hasi und den Katzi und den Froschi und den Eisbäri. Die sind doch genauso schön«. Das wäre alles nicht wahr gewesen. Wahr ist, dass Wuffi unersetzbar ist. Er war Klaras Ein und Alles. Erstens. Und zweitens war er alt. Er hatte schon auf dem Rand meines Jugendbetts gesessen. Ich mochte den Hund und schonte ihn, weil er so schön war. Allerdings hatte er nicht mal einen Namen. Seit Klara mit Wuffi Freundschaft geschlossen hat, begann sein Aufstieg in der Familienhierarchie. Alle passten auf ihn auf. Er wurde zum Familienmitglied aus Webpelz. Und jetzt war er weg.

Ich gebe zu, dass meine Reaktion nicht sehr pädagogisch war. Ich schrie mein Kind in seinem Unglück an – und zwar richtig. Warum es das dumme Vieh immer rumschleppen müsse, warum es über alles meckern und motzen müsse, warum es nicht besser auf seinen Kram aufpasse. »Das ist die Strafe«, schrie ich. Es tat mir sofort leid, aber Klara fand das erste Mal seit Langem, dass ich recht hätte. Dann weinten wir beide ein bisschen. Und schnell kam der Moment, in dem ich alles getan hätte, um Klara wieder glücklich zu sehen.

Ich schaute das Familienoberhaupt an: Wollen wir schnell zurückfahren zu dieser namenlosen Bar, irgendwo am Strand von Palma? Oder ich allein? Nur 20 Minuten dauert das, wir schaffen das Flugzeug trotzdem! Bestimmt! Vielleicht war es ja auch in 15 Minuten zu schaffen. Ganz sicher würden wir die Straße wiederfinden und diese x-beliebige Bar auch. Oder wir nehmen einfach einen späteren Flug, kostet vielleicht ein bisschen, aber isses nicht egal, ist es das nicht wert?

Nein, es war nicht egal. Nein, wir würden das Flugzeug unter keinen Umständen verpassen. Von Kinderkram war plötzlich die Rede. Dann stritten wir. Aber nur ein bisschen, weil ich mich matt und leer fühlte und bei aller Verzweiflung wusste, dass kein Stofftier der Welt so einen Aufstand wert ist. Und schließlich flogen wir, pünktlich und traurig, nach Berlin zurück.

Aber wenn ein Familienmitglied verschwindet, kann man nicht einfach zum Alltag übergehen. Meine Gedanken arbeiteten weiter. Der Stoffhund ist weg, und zwar für immer, dachte ich. Ich suchte nach Trost. Ein gleicher Hund? Ein ähnlicher Hund? Unmöglich. Eine Reise nach Disneyland? Ein iPhone? Irgendwas Teures, Unerreichbares, ewig Gewünschtes. Nein, das war keine Lösung.

Zu Hause fiel mein Blick auf meinen Computer. Und plötzlich merkte ich, wie altmodisch meine ersten Gedanken gewesen waren. Ich hatte plötzlich moderne Ideen. Es gab mehr als Trost für Klara. Es gab eine Lösung für uns alle. Ich rief meine verweinte Tochter, erklärte das Vorhaben, dann legten wir beide zusammen los.

Schritt 1: Google Maps. Suchbegriff: Palma de Mallorca, Flughafen.

Zack. Da ist die Autovia MA 15. Wir kamen vom Osten der Insel, fuhren am Flughafen vorbei. Eine Abfahrt nach dem Flughafen war der Strand mit der Strandbar, deren Namen wir nicht kannten. So viele Promenaden wird es doch dort nicht geben! Gab es aber doch. Auf dem Stadtplan sah alles gleich aus. Gelb und weiß die Straßen und Häuser, blau das Wasser. Aber die Gegend stimmte.

Schritt 2: Google Earth. Zack, da sah man doch schon viel mehr. Wir wanderten in ungefähr 500 Metern Höhe an der endlosen Strandpromenade von Palma entlang, zoomten uns an jede Straßenecke. Hier? Oder hier? Oder doch hier? Stunden vergingen.

Schließlich blieben nur zwei Ecken übrig, die wir verdächtig fanden. An einer meinte ich, jene auffällig breite Garageneinfahrt zu sehen. Klara glaubte, ein hässliches blaues Haus zu erkennen. Ja, das könnte es sein. Aber ohne den Namen des Cafés kamen wir nicht weiter. Darum folgte nun Schritt 3: Google Street View. Zack, fielen wir aus 500 Metern Höhe runter – mitten auf die Strandpromenade. In Palma war gerade Herbst oder Winter oder Frühling – jedenfalls waren der Strand und die Straßen menschenleer. Wir zoomten uns von Ecke zu Ecke. Und plötzlich war Klara sehr aufgeregt. »Da ist das blaue Haus«, rief sie, jenes Haus, das mir gestern gar nicht aufgefallen war. Klara jedenfalls wusste nun, wo wir waren.

Zehn Sekunden später standen wir vor einem Café an der Strandpromenade. Links neben dem Eingang lag die auffällig breite Garageneinfahrt, in die wir gestern das Auto gequetscht hatten. Der Dreifachzoom auf die Markisenaufschrift förderte zutage, worauf niemand von uns geachtet hatte: »Bar Cala Canta« der Name des Cafés. Der Rest war ganz einfach.

Schritt 4: Google. Suchbegriff: Adresse »Bar Cala Canta«, Mallorca.

Innerhalb von 0,34 Sekunden waren wir am Ziel: Carrer de Trafalgar Nummer 30, Palma de Mallorca, Spanien. Öffnungszeiten: 10 bis 23 Uhr. Auch die Telefonnummer stand dabei. Es war inzwischen fast Mitternacht. »Morgen!«, sagte ich zu meiner Tochter, und ihre seit 18 Stunden rot geweinten Augen sahen trotz der Uhrzeit sehr wach aus und auch wieder fröhlich. »Morgen rufen wir an.«

Der Rest der Geschichte ist schnell erzählt. Es gab ein auf Spanisch geradebrechtes Gespräch, bei dem ich nicht viel verstand, außer das: Wuffi war gefunden worden. Es gab einen Freudentanz von Klara. Es gab eine Kellnerin mit einer Mutter, die Holländerin ist und darum gut Deutsch spricht und an die wir weitervermittelt wurden. Es wurden Adressen und Telefonnummern durchgegeben. Zehnmal wiederholt, um Missverständnisse, Hörfehler, Zahlendreher und andere Katastrophen auszuschließen. Zum Schluss gab es ein Versprechen. Auf Deutsch, Niederländisch gefärbt, aus Spanien nach Berlin: »Wir schicken den Hund.«

Zwei Wochen später, an einem verregneten Samstagvormittag, klingelte es an der Tür. Der Paketbote brachte einen gelben weichen Umschlag. Correos. Er war fest verklebt, nur mit Mühe und Messern zu öffnen, und er duftete nach Strand. Wuffi war wieder da.

DIE WAHRHEIT ÜBER DIE EITELKEIT

Warum Frauen sich immerzu im Spiegel betrachten müssen

Jeder Mensch hat ja so etwas wie eine erste Erinnerung. Mein Freund zum Beispiel glaubt sich daran zu erinnern, dass er schon als Zweijähriger das Wort Forsythie fehlerfrei buchstabieren konnte. Seine Eltern waren damals sehr stolz. Sie prognostizierten ihm eine Professorenlaufbahn. Heute ist er nicht so ganz glücklich mit dieser Laufbahn, weil Professoren zwar viel buchstabieren, aber wenig finanzieren können.

Die erste Erinnerung meiner Freundin Imke ist die, zwischen zwei Matratzen eingequetscht zu sein – eine Folter, die ihre große Schwester täglich an ihr praktizierte, denn beide teilten sich ein Zimmer und ein Doppel-Jugendklappbett. Außerdem war Imke schon als Kleinkind hübscher als ihre Schwester. Dieser Umstand schrie förmlich nach Rache – jedenfalls aus Sicht der hässlicheren Schwester.

Meine erste Erinnerung ist mein Spiegelbild. Ich war vier Jahre alt, zu klein für mein Alter. Meine erste Erinnerung besteht darum aus dem Spiegelbild der oberen Hälfte meines Kopfes, ungefähr bis zur Nase. Außerdem aus meiner rechten Hand, die eine Schere umklammerte. Meine linke Hand umklammerte ein Büschel Haare. Diese hatte ich mir soeben abgeschnitten, und zwar direkt über der Kopfhaut. Als meine Mutter überraschend den Flur betrat und zu schreien anfing, war bereits die Mitte meines Kopfes frisch geschnitten. Ich sehe noch genau die kreisrunden Stoppelstellen dort, wo vorher Haare gewesen waren.

Nur links und rechts am Kopf waren einige Schläfenlocken verblieben, der Rest lag im Flur herum. Ich war sehr zufrieden mit meiner Frisur – bis zu dem Moment, als meine Mutter zu schreien anfing. Später vollendete sie meine Arbeit und ließ mir nicht mal die Schläfenlocken.

Liegt es an diesem frühkindlichen Erlebnis, dass ich eine besondere Beziehung zu Spiegeln entwickelte? Möglich. Aber unwahrscheinlich. Auch Imke und meine Mutter sowie alle anderen Frauen, die ich kenne, lieben ihre Spiegel, sie lieben sie, ohne es zu wissen. Denn obwohl Frauen ihre Spiegel öfter anschauen als jeden anderen Einrichtungsgegenstand, interessiert sie doch gar nicht der Gegenstand, sondern das, was er ihnen zeigt: sie selbst.

Meine Mutter schob vor dem Spiegel mit den Zeigefingern Gesichtshaut hin und her und fragte mich, ob sie so oder so nicht viel jünger aussehe.

Imke interessierte sich weniger für ihr Gesicht, sie wusste ja, dass sie hübsch war, hübscher jedenfalls als ihre Schwester. Was sie immer und immer wieder im Spiegel betrachtete, waren ihre Brüste. Die wurden allerdings durch verzweifeltes Betrachten auch nicht größer.

Ungefähr mit 14 sammelte ich weitere Spiegelerfahrungen – und zwar im elterlichen Schlafzimmer. Dieses Schlafzimmer verfügte über den Luxus eines dreiteiligen Frisierspiegels. Der Mittelspiegel wurde von zwei schwenkbaren Seitenteilen eingefasst – ein hässliches Monstrum, aber sehr praktisch. Bevor ich mich mit meinen Freundinnen ins Wochenendvergnügen stürzte, verbrachte ich Stunden vor diesem Möbelstück. Das Fiese und Praktische an diesem Möbel war, dass er Unsichtbares sichtbar machte: meine Rückseite. Den Hintern natürlich. Dann, unter dem Hintern, die Falte, die den Hintern vom Oberschenkel abgrenzt und natürlich die Oberschenkel selbst. Und über dem Hintern: die Taille und die Hüften. Alle diese wichtigen Körperteile konnte man im Frisierspiegel meiner Mutter in allen vorstellbaren Posen und Positionen anschauen und dabei alle Kleider anprobieren, die der Schrank so auswarf.

Die Natur hat es bedauerlicherweise so eingerichtet, dass der Mensch seine Augen an der Vorderseite hat. Das ist ein Problem. Denn diese Laune der Natur ist schuld daran, dass der Mensch wesentliche Teile seines Körpers niemals mit eigenen Augen sehen kann, und zwar genau die Teile, für die sich Frauen besonders interessieren.

Man muss sich das mal klarmachen: Eigentlich kann der Mensch ohne qualvolle Verrenkung und ohne technische Hilfsmittel nur völlig unwichtige Teile des eigenen Körpers selbst betrachten: nämlich die Hände und die Füße. Aber wer hat denn bitte schön das Bedürfnis, seine Hände immer und immer wieder zu betrachten: von hinten, von vorn, im Halbschatten, im Gegenlicht, im Profil und das Ganze so oft, bis der Inhalt des Kleiderschranks durchprobiert ist?

Wenn ich allein auf der Welt wäre, könnte ich wahrscheinlich ohne Anblick meiner Rückseite klarkommen. Ich bin aber nicht allein. Es könnte sein, dass sich die anderen nicht für mich interessieren. Das glaube ich aber nicht. Ich interessiere mich ja auch für die anderen.

Wenn im Büro eine Kollegin an mir vorbeigeht oder wenn eine Freundin mich zu Hause besucht, dann habe ich in Sekundenbruchteilen das Wesentliche erfasst: Wo sind ihre Problemzonen? Beziehungsweise: Haben sich ihre Problemzonen seit unserer letzten Begegnung vergrößert oder verkleinert? Außerdem sehe ich: Wie lange und wie gut hat sie letzte Nacht geschlafen, wie viel haben ihre Schuhe gekostet, wann hat sie zuletzt ihre Haare gewaschen. Im Sommer sehe ich außerdem und zwar ohne Mühe und fast ohne es zu wollen: Wie lange ist es her, dass sie sich die Beine und die Achseln rasiert hat, wie viele Schichten dick ist der Nagellack auf den Fußnägeln. Unabhängig von der Jahreszeit sehe ich: den Zahn der Zeit, also Falten, Krähenfüße, Altersflecken, graue Haare. Um es kurz zu machen: Ich sehe alles.

Am meisten achte ich auf den Bauch. Ist er flacher als meiner, dann habe ich ein Problem. Ist er dicker als meiner, dann hat sie ein Problem – während es mir gleich ein bisschen besser geht. Ich bin dann frei und offen für die Hauptfrage: Ist es ein Speckbauch, oder ist die schwanger? Das ist vor allem im Büro, wo es um die Bäuche von Kolleginnen geht, eine beliebte und darum wichtige Frage, die viel Arbeitszeit kostet.

Wenn meine Freundin Imke eine Schwellung am Bauch vor sich herträgt, frage ich sie natürlich nicht: »Sag mal, bist du schwanger?«, weil sie mir, wenn sie schwanger wäre, längst gesagt hätte, dass sie schwanger ist. Ich frage sie: »Sag mal, wie viel hast du zugenommen?« Wenn ich die gleiche Schwellung bei meiner Kollegin Sabrina entdecke, frage ich Sabrina auch nicht: »Sag mal, bist du schwanger?«, weil die Wahrscheinlichkeit, dass sie schwanger ist, deutlich kleiner ist als die Wahrscheinlichkeit, dass sie zugenommen hat. Natürlich frage ich Sabrina genauso wenig: »Sag mal, wie viel hast du zugenommen?« Sobald Sabrina aber aus der Hörweite verschwunden ist, frage ich meine Kollegin Lisa, oder Lisa fragt mich: »Sag mal, ist Sabrina schwanger, oder hat sie zugenommen?« Darauf antwortet Lisa oder antworte ich, je nachdem, wer zuerst gefragt hat: »Du, das Gleiche hab ich mich auch grad gefragt.« Und schon werden die Kolleginnen von den anderen Schreibtischen dazukommen, um die Frage zu erörtern, ob Sabrina nun schwanger ist oder nur schwanger aussieht, weil sie ein paar Kilo zugenommen hat.

Selbstverständlich haben wir uns schon oft geirrt, haben also Schwangere für verfressen und Verfressene für schwanger gehalten. Das macht aber nichts. Es geht nicht darum, ob Sabrina schwanger ist, es geht nur darum, den Sachverhalt zu diskutieren, ob sie schwanger sein könnte. Es geht darum, Sabrinas Bauch zu thematisieren.

Das Ganze funktioniert aber auch anders herum. Neulich hat meine Kollegin Tamara eine Diät angefangen und mindestens zehn Kilo lang durchgehalten. Sie war am Ende so mager, dass sie andauernd fror. Und weil sie so mager war, weil sie statt eines Bauches nur noch eine konkave Stelle hatte und darauf unaussprechlich stolz war, kam sie sehr oft an unseren Schreibtischen vorbei. Sie hatte natürlich immer einen Vorwand, meist den, uns mitteilen zu müssen, wie sehr sie fror. Na klar fror sie, denn sie hatte ja so gut wie nichts an. Warum sollte sie auch unter Kleidern verstecken, wie absolut unschwanger ihr Bauch aussah?

Wie viele Stunden Tamara zu Hause vor dem Spiegel steht, um ihre neue Schlankheit zu bewundern, weiß ich nicht, ich kann es nur schätzen. Und ich würde großzügig schätzen. Ich weiß aber, dass Tamara weiß, dass wir über sie reden. Sie ist ja nicht blöd. Sie weiß es, weil sie normalerweise immer dabei ist, wenn wir über Kolleginnen reden, außer wenn die Kollegin, über die wir reden, sie selbst ist.

Tamara ist wirklich nichts vorzuwerfen, außer der Tatsache, dass sie inzwischen die Schlankste auf der ganzen Etage ist. Wir sind alle neidisch auf sie und trösten uns leidlich mit der Nebenwirkung, dass Tamara auch ihr Gesicht hohlwangig gehungert hat. Sie sieht, ungelogen, zehn Jahre älter aus. Das ist ein schöner Trost.

Es gibt nur eine Vorstellung, die noch brutaler ist als die Vorstellung, dass mein Bauch für die Kolleginnen Anlass zum Gespräch gibt: Das ist die Vorstellung, dass mein Bauch für die Kolleginnen keinen Anlass zum Gespräch gibt. Weil man zu dick, zu alt oder zu langweilig ist oder aus irgendeinem anderen Grund nicht mehr dazugehört. Eine Prüfung vor sich zu haben und nicht zu bestehen, ist immer noch weniger schrecklich, als zu einer Prüfung gar nicht erst zugelassen zu werden, weil man sich nicht qualifizieren konnte.

Natürlich schauen auch Männer Frauen an, wenn sie an ihnen vorbeigehen. Aber ich wage die These, dass Männer anders schauen als Frauen. Aber wenn sie den Busen sehen wollen, müssen sie hinsehen. Die Blicke von Frauen sind anders. Frauen müssen nicht hinsehen. Sie sehen den Busen oder den Bauch auch so. Wissenschaftlich ist das nicht erklärbar. Und genau darum ist es wahr.

Weil die anderen einen so gut und man sich selbst so schlecht sehen kann, ist die Sache mit dem Spiegel so wichtig. Ohne Spiegel wären wir bei der Beurteilung unseres eigenen Gesichts auf das Urteil anderer angewiesen, beispielsweise auf das Urteil von Kolleginnen oder auf das Urteil von Schwestern, die uns eigentlich lieber zwischen Matratzen einquetschen würden.

Insofern ist der Spiegel eine geradezu schöpfungsergänzende Erfindung, und den dreiteiligen, schwenkbaren Frisierkommodenspiegel muss man als Krönung dieser Schöpfungs-ergänzung ansehen. Das alles muss ich geahnt haben, als ich mit 14 meine Zuneigung zu dreiteiligen Frisierspiegeln ent-deckte.

Der Spiegel hat viele Fähigkeiten. Er kann die Laune ver-bessern. Er kann seinen Eigentümer aber auch in tiefe De-pressionen stürzen. Das war schon bei der bösen Stiefmutter von Schneewittchen so und hat sich bis heute kein bisschen geändert.

Der Spiegel hat eine Eigenschaft, die nur wenige Men-schen haben. Er ist immer ehrlich. Er zeigt mir, wenn er mich schön findet. Er ist, wenn er gut drauf ist, freundlicher als der freundlichste Ehemann, freundlicher sogar als mein Freund, der der freundlichste Mensch ist, den ich kenne. Doch je älter ich werde, desto seltener ist er gut drauf. Inzwischen hat sich sein Charakter sehr verändert. Inzwischen ist er sehr oft böse zu mir.

Mit der gleichen Ehrlichkeit zeigt er jetzt, deutlich jenseits der 30, rücksichtslos mit dem Finger auf meine Schwachstel-len: auf die Fettpolster, die Falten und die grauen Haare. Im-merhin: Er hilft mir beim Kaschieren und beim Retuschie-ren, und ohne ihn, das muss ich zugeben, würde ich im Büro wahrscheinlich nicht mehr zur Prüfung zugelassen werden. Mein Spiegel ist ein gemeiner alter Mann, den ich täglich mil-de stimmen muss.

Das ist zu Hause okay. Zu Hause soll er ruhig gemein sein. Denn hier kann ich noch gegensteuern. Ich kann eine andere Hose einsetzen oder mehr Mascara oder ein Bauchweg-Mie-derhöschen oder, wenn es ganz schlimm ist, die stärkste Waffe zücken: die Strickjacke zum Obendrüberziehen.

Es ist Zeit, über das Thema Kleiderkauf zu reden. Eigentlich gehe ich ganz gern einkaufen. Da unterscheide ich mich nicht von der Mehrheit der Frauen. Ich weiß selbst nicht, warum es meine Laune beflügelt, warum es mich glücklich macht, wenn ich mir Schuhe kaufe, die 250 Euro kosten. Aber ich möchte an dieser Stelle gar nicht dem Themenkomplex des sinnlosen Geldausgebens Buchstaben hinzufügen. Es geht mir um etwas anderes, es geht um Umkleidekabinen. Und um die Spiegel in den Umkleidekabinen. Denn dazu wurde noch nicht genug gesagt und geschrieben.

Im deutschen Alltag ist so gut wie alles genormt. Es gibt DIN-Normen für die abstrusesten Dinge wie den Abstand der Steckdosen zum Fußboden, zum Wasserhahn und zueinander. Die Beschaffenheit einer Kinderschaufel ist Gegenstand deutscher Prüfnormen, und die Backtemperatur eines Stutenbrötchens ist es auch. Nur eins überlassen Prüfingenieure noch immer der Fantasie verantwortungsloser Raumausstatter: die deutsche Umkleidekabine. Da darf jeder Boutiquebesitzer treiben, was er will. Die Größe ist egal. Die Spiegel sind egal. Obwohl ein schlecht gehängter Spiegel und eine schlecht ausgeleuchtete Umkleidekabine ein deutlich höheres Herzinfarktrisiko bergen als ein verbranntes Stutenbrötchen.

Ich habe in Bekleidungsgeschäften schon so manche Depression bekommen, wenn sich ein Kleidungsstück, das an der Schaufensterpuppe fantastisch aussah, in der einen Quadratmeter großen Umkleidekabine in eine Art Wurstpelle verwandelte. Und die Wurst in dieser Pelle, das war ich.

Das schlimmste Erlebnis dieser Art hatte ich vor Jahren – und zwar ausgerechnet im KaDeWe. Ich erinnere mich genau: Die Umkleidekabine in der Jeansabteilung bestand an allen vier Seiten aus grauen Vorhängen. Die Vorhänge schlos-

sen nicht richtig, obwohl sie nur eine winzige Fläche von vielleicht 50 Quadratzentimetern umschließen sollten. Ich hatte
mich dennoch in einem Akt größter Körperbeherrschung in
eine rote Jeans gezwängt, eine Jeans, wie ich sie schon immer haben wollte. Ich hatte auch das Gefühl, dass sie mir gut
passte, und wollte das im Spiegel überprüfen. Das war ein
Fehler.

Ich weiß nicht, wer diesen Spiegel in diese winzige Zelle gezwängt und in welcher geistigen Umnachtung er ihn in dieser
frauenfeindlichen Weise an der Wand befestigt hatte, nämlich schräg. Jedenfalls vergrößerte dieser Spiegel alles, was
ich sowieso schon seit Jahren zu groß fand: meine Beine und
meinen Hintern. Und zur Krönung des Desasters wurden die
50 Quadratzentimeter große Umkleidekabine und ich mittendrin von Deckenspots beleuchtet, die weißes Licht und lange Schatten warfen. Diese Spots gaben mir den Rest: Sie lie-
ßen jede einzelne Wölbung meines Körpers eine maximale
Ausdehnung annehmen. Mit dieser Lampe und diesem Spiegel bildete ich mir ein, meinen Celluliten direkt ins Auge zu
blicken – und zwar durch die Jeans hindurch. Ich ergriff die
Flucht. Schneller als die Räumlichkeiten es zuließen, ampu-
tierte ich mich aus der roten Hose und war wieder auf der
Straße, noch bevor der Schweiß auf meiner Stirn getrocknet
war. Ich war seitdem nie wieder zum Kleiderkauf im KaDeWe,
obwohl ich der roten Jeans eine Weile nachtrauerte. Aber nur
eine kurze Weile.

Denn nur kurze Zeit nach diesem Schlüsselerlebnis machte ich die Entdeckung, dass es irgendwem gelungen war, den
Charakter des Spiegels zu ändern – und damit die ganze Ein-
kaufskultur. Ich war in Berlin unterwegs, auf der Suche nach
Möglichkeiten zum Geldausgeben. Ich weiß nicht mehr, wo

ich hinwollte, aber bestimmt wollte ich nicht dahin, wo ich am Ende landete: bei H&M. Ich muss zugeben, dass ich Vorurteile gegen diesen Textildiscounter aus Schweden hatte. H&M, die Erfinder der Volkskleidung. Pullover für 12,99, Hosen für 19,99 – ein Preis und ein Design von Peking bis Sindelfingen.

Ich betrat H&M auch nicht, weil ich einkaufen wollte, sondern weil es regnete. Die Türen standen dort offen. Verkäuferinnen waren dort weit und breit nicht zu sehen, was mich beruhigte, denn fast so schlimm wie schräge Spiegel in engen Umkleidekabinen finde ich Verkaufsfachpersonal, das mir Kleidungsstücke aufschwatzt, die mir spätestens zu Hause nicht mehr gefallen.

Der Regen war ziemlich hartnäckig. Hartnäckiger jedenfalls als meine Weigerung, mich hier ein bisschen umzusehen. Plötzlich sah ich an einer Wand, so hoch, dass ich fast vorbeispaziert wäre, eine Schaufensterpuppe, bekleidet mit einer roten Jeans.

Dann war alles ganz einfach. Ich suchte und fand den richtigen Stapel und fand meine Größe und suchte und fand dann auch hier: die Umkleidekabinen. An diesem Ort erlitt ich dann einen Kulturschock, den ich so schnell nicht vergessen werde. Denn hier, in der schwedischen Diaspora, im sozialistischen Anzieh-Volksheim gab es keine Umkleidekabinen, sondern Umkleideräume. Und zwar nicht nur einen, sondern (ich habe gezählt) zwölf Stück. Mit Platz zum Umziehen, zum Drehen und Wenden und mit einem Stuhl, auf dem Platz für alles war, was ich zu Hause auf den Fußboden schmeißen würde. Ich probierte guter Dinge und mit abnehmendem schlechtem Gewissen die Schwedenjeans an und erlitt dann, als meine Blicke den Spiegel suchten, den zweiten Kulturschock. Vor mir stand eine Frau in einer roten Jeans. Aber diese Frau war mindestens fünf Kilo leichter als die Frau, die heute Morgen zu Hause aufgebrochen war. Die Frau im Spiegel hatte keine Problemzonen, und der drehbare Zweitspiegel, der auch noch in der Kabine Platz fand, bestätigte dieses Urteil von links, rechts, vorn und hinten.

Ich kaufte die Jeans und ließ sie gleich an. Ihr allein schob ich meinen wundersamen Gestaltwechsel zu. Und das für nur 19,99 Euro.

Erst als ich nach Hause kam, wurde mir klar, dass etwas nicht stimmte. Denn die Frau im heimischen Spiegel hatte plötzlich wieder zugenommen – etwa die fünf Kilo, die sie in der Umkleidekabine von H&M abgenommen hatte.

Es war den Schweden gelungen, das ehrlichste vorstellbare Möbelstück zu manipulieren, den Spiegel. Wann immer man sich nun in einem Spiegel der neuen Generation betrachtete, sah man aus wie nach einem harten Jahr bei den Weight Watchers.

Es dauerte dann auch nicht mehr lange, bis jede Dorfboutique auf die neuen Spiegel umgestellt hatte, und noch schneller verpuffte meine Empörung über den Betrug. Von diesem Tag an ging ich oft und gern zu H&M. Was immer ich hier kaufte, es gab kein böses Erwachen in der Umkleidekabine, sondern immer erst zu Hause, wo mir gegen den Frust die bewährten Mittel zur Verfügung standen: Miederhöschen, Strickjacken und Vollmilchschokolade.

Ein bisschen lügen also ist gar nicht schlimm. Es hebt die Laune und belebt die Marktwirtschaft. Das habe ich bei H&M gelernt. Jetzt müssen die Schweden nur noch kapieren, dass sie endlich auch die Schaufenster auf den Straßen manipulieren müssen. Denn wer geht schon gern an einem Schaufenster vorbei, wenn das Spiegelbild so ehrlich ist? Und so gnadenlos? Fast so gnadenlos wie meine Kolleginnen mit mir. Und ich mit meinen Kolleginnen.

DIE WAHRHEIT ÜBER SCHLAFPROBLEME

Womit sich Frauen in der Nacht beschäftigen

Fast alle meine Freundinnen haben Schlafprobleme. Ich auch. Einschlafen geht ganz gut. Aber durchschlafen, ausschlafen, in den nächsten Tag hineinschlafen, so wie früher, das geht nicht.

Meine Freundin Lea wacht fast jede Nacht auf und kann nicht wieder einschlafen. Um halb drei, manchmal um drei oder halb vier. Der Grund ist ihr Freund Per. Und die Baustelle. Per ist ein gut gelaunter Betriebswirt, der gerade an seiner Karriere bastelt. Die Baustelle ist eine Berliner Altbauwohnung, die gerade in ein Luxusloft umgebaut wird.

Lea liebt Per. Aber sie hat Anlass zur Vermutung (besser gesagt, sie glaubt, Anlass zu der Vermutung zu haben), dass er sie nicht genauso zurückliebt. Lea sagt: »Ich vertraue Per. Aber nicht so richtig.«

Die Baustelle soll eine Traumwohnung werden. Die Traumwohnungsbaustelle frisst Zeit und Geld. Mehr Geld, als Lea übrig hat, und mehr Zeit auch. Fast ein Jahr quält sich Lea schon mit Architekten und mit Handwerkern sowie mit deren Rechnungen herum.

Lea will unbedingt mit Per Eigentum teilen. Eigentlich will sie noch mehr mit ihm teilen. Am liebsten würde sie ihn im Eigentum haben wie die Traumwohnung, also heiraten. Sie hat nachts, wenn sie schlaflos daliegt, schon Hunderte Male geheiratet. Sie hat im Halbschlaf Gästelisten und Sitzordnungen erstellt, hat sinnvolle Geschenke ersonnen, hat ihr Brautkleid gekauft, manchmal auch selbst genäht. Das Hochzeitsmenü hat sie schon ungezählte Male zusammengestellt und wieder verworfen, und das Ziel der Hochzeitsreise hat sie auch schon festgelegt, Rom oder Abu Dhabi oder Oslo. Alles nachts, im Bett, anstatt zu schlafen.

Aber Per will nicht. Er will nicht heiraten. Dass er grundsätzlich nicht heiraten will, findet Lea nicht schlimm, aber dass dieses Grundsätzlich auch sie einschließt, findet sie hart. Auf die gemeinsame Eigentumswohnung hat er sich sofort eingelassen. Immerhin.

Lea findet es richtig, gut auf Per aufzupassen. Mit wem hat er eigentlich am Abend so lange telefoniert, fragte sie sich gestern. Er hatte gesagt, dass er mit Moritz, seinem Kollegen, telefoniert hat. Mit wem hat er aber wirklich telefoniert? Das fragte sich Lea in der Nacht darauf. Das heißt, eigentlich ist es nicht Lea, die solche Fragen stellt. Es ist jemand anderes, ein Jemand in ihr, der möchte immer die Wahrheit herausfinden. Dieser Jemand kann nicht glauben und vertrauen. Er will wissen und kontrollieren. Und zwar immer dann, wenn Lea im Bett liegt und eigentlich hundemüde ist und gern schlafen würde. Dieser Jemand geht dann systematisch die Kontrollmöglichkeiten durch. Im Falle des gestrigen Telefonats ging es so:

Möglichkeit 1: Per direkt fragen: »Sag mal, gestern Abend, sei mal ehrlich, mit wem hast du da wirklich telefoniert?« Schlecht.

Möglichkeit 2: Per durch die Blume fragen: »Du, der Moritz hatte aber gestern viel Zeit am Telefon, viel mehr Zeit als sonst.« Schlecht.

Möglichkeit 3: Moritz fragen. Ob und wie lange und über welches Thema er gestern eigentlich mit Per telefoniert hat? Schlecht.

Möglichkeit 4: Pers Handy kontrollieren. Schlecht. Aber besser. Lea legt Möglichkeit 4 beiseite. Jedoch erst, nachdem sie aufgestanden ist, um Pers Handy zu kontrollieren und nachdem die Kontrolle ergeben hat, dass Per tatsächlich mit Moritz telefoniert hatte. Trotzdem kann Lea jetzt nicht wieder einschlafen, denn Per hat unterdessen angefangen zu schnarchen. Und weil sie gerade sein Handy kontrolliert und darum ein schlechtes Gewissen hat, will sie ihn nun nicht auch noch aufwecken mit anstoßen, an die Wand klopfen oder gar Nase zuhalten, was sonst immer für eine Weile hilft.

Weil Lea nun sicher ist, dass sie sowieso nicht mehr einschlafen wird, kann sie gleich noch ein wenig darüber nachdenken, was ihr besser stünde, ein ins Cremeweiß spielende Hellbeige oder ein ganz, ganz zartes Hellblaugrau. Ein knallweißes Brautkleid kommt natürlich nicht infrage, denn das tragen nur die Mädchen vom Dorf und Türkinnen. Zwischen Cremeweiß und Weißblaugrau kann sie sich in dieser Nacht nicht entscheiden. Beides hat Vor- und Nachteile, und diese Vor- und Nachteile müssen jetzt durchdacht werden. Anstatt zu schlafen.

Der Jemand in ihr war mal wieder nicht zu bremsen, er konnte mit dem Durchdenken der Alternativen nicht aufhören. Darum stand Lea erst sehr spät auf und fühlte sich gerädert. Das war gestern Nacht.

Vorgestern Nacht war es die Baustelle. Lea geht nicht gern zum Briefkasten, weil sie darin fast immer Rechnungen findet. Sie findet es besser, wenn Per die Rechnungen öffnet. Es ist viel leichter für Lea, eine Rechnung zu verkraften, wenn nicht sie, sondern Per sie zuerst liest.

Vorgestern war Per auf Dienstreise. Jedenfalls hatte Lea keinen Anlass, Per nicht zu glauben, dass er auf einer Dienstreise war, auch wenn sie zunächst seinen Kalender nach Einträgen absuchte, die verdächtig sein könnten. Sie fand aber nichts. Und darum war er wohl wirklich auf Dienstreise und darum musste Lea zum Briefkasten und darin war natürlich wieder einer dieser länglichen Umschläge, die Lea sofort als Rechnung identifiziert. Diesmal war es eine Schimmelbehandlung in der nicht fertig werden wollenden Eigentumswohnungsbaustelle. 1200 Euro. Ein halbes Monatsgehalt. Nachts um halb drei im Bett, nachdem Lea aufgewacht war, verfluchte sie Per für seine Dienstreise und rechnete mehrere Stunden lang mit geschlossenen Augen. Das Ergebnis war dasselbe wie immer: Das Geld würde schon reichen, wenn auch knapp.

Obwohl Per nicht neben ihr schnarchte, blieb sie lange liegen, halb wach, dämmernd. 1200 Euro, das war ungefähr die Summe, die Lea für ihr Brautkleid eingeplant hatte. Schimmelbehandlung statt Brautkleid. Lea stand auch vorgestern sehr spät auf. Immer wenn Lea nachts nicht schlafen kann, steht sie spät auf. Später rief sie mich an, um mich zu fragen, ob sie sich das Brautkleid und die Hochzeit und Per schenken soll. Ich verstand sofort, dass sie eine schlechte Nacht hatte.

Fast alle Frauen, die ich kenne, schlafen schlecht. Die einzigen mir bekannten Frauen, die gut schlafen, sind meine Töchter. Die schlafen ein, die schlafen durch. Sie wachen nicht mal auf, wenn sie aufs Klo müssen. Sie haben enorme Blasen. Aber irgendwann werden sie auch 30 werden. Bis dahin möchte ich so viele Schlafproblemerfahrungen sammeln wie möglich, damit ich sie an sie weitergeben kann. Sie sollen es mal besser haben.

Gabriela kann nicht schlafen, weil sie seit fünf Jahren keine

Steuererklärung macht. Sie hat Angst vor dem Brief des Finanzamts, das sich ja eines Tages melden muss. Solange das Finanzamt nichts fordert, spielt Gabriela den Vogel Strauß. Sie weiß allerdings, dass sie eines Tages den Kopf aus dem Sand ziehen muss. Dann muss sie mindestens fünf Steuererklärungen abgeben und fünf Jahre nachversteuern. Diese Angst raubt ihr nun schon seit fünf Jahren den Schlaf.

Julia kann nicht schlafen, weil ihr Onlineshop nicht so läuft, wie sie dachte. Sie handelt dort mit fair gehandeltem Kaffee und ärgert sich Nacht für Nacht darüber, dass sie für den Shop ihr Studium hingeschmissen hat.

Und Nicole schläft nicht wegen der Doktorarbeit. Sie sitzt seit neun Jahren dran. Je mehr Kinder sie kriegt, desto seltener hat sie genug Kraft für akademisches Zeug. Inzwischen ist sie das dritte Mal schwanger. Aber sie kann nicht loslassen, jedenfalls nachts nicht. Da träumt sie im Halbschlaf vom Doktortitel. Wer sie als Hausfrau dann damit anreden soll, ist mir nicht klar.

Anna kann nicht schlafen, weil sie 47 ist und seit acht Jahren ohne Arbeit. Sie hat Existenzangst. Das kann ich gut verstehen.

Und Karina kann nicht schlafen, weil sie nicht mit ihrem Mann geschlafen hat, obwohl der so gern wollte. Sie kann sich nicht überwinden. Sie sagt, sie sei immer müde, was auch stimmt. Aber es ist nur die halbe Wahrheit. Die ganze Wahrheit ist, dass sie keine Lust hat. Sie hat schon seit Monaten nicht mehr mit ihm geschlafen. Ab vier Uhr quält sie dann immer das schlechte Gewissen.

Am schlimmsten von allen ist wahrscheinlich Billi dran. Billi kann nicht schlafen, weil sie andauernd die Männer wechselt. Sie ist keine Schlampe, sondern nur naiv. Sie sucht die große Liebe. Zu Beginn der großen Liebe kann sie nicht schlafen, weil sie mit der großen Liebe große Liebe machen muss. Am Ende der großen Liebe kann sie nicht schlafen, weil der Typ sie nervt. Dann sucht sie einen Weg, ihn wieder loszuwerden. Bisher hat das immer geklappt. Jetzt ist Billi 38. Ihre Jahre sind also gezählt. Ich gebe mein Bestes, ihr das klarzumachen, selbstverständlich erfolglos.

Nun zu mir: Ich bin eine Frühaufsteherin. Ich schlafe höchstens bis halb sieben. Nein, das ist falsch. Richtig ist: Ich stehe um halb sieben auf. Schlafen kann ich nur bis vier. Manchmal schaffe ich es, bis halb fünf zu schlafen, dann bin ich schon sehr zufrieden, denn dann muss ich mich nur noch zwei Stunden schlaflos herumwälzen, ehe ich aufstehen kann.

Ich weiß nicht, wie lange ich mich im Bett herumwälzen würde, wenn ich nicht aufstehen müsste. Vermutlich, wie Lea, den halben Vormittag, vielleicht auch den ganzen Tag. Doch es gibt ja den Zwang, das Bett zu verlassen, Gott sei Dank. Die Kinder müssen zur Schule. Ich muss zur Arbeit.

Obwohl ich seit Stunden wach liege, muss ich mich wecken lassen. Vom Wecker. Der Wecker reißt mich aus etwas, das kein Schlaf ist, sondern eine Art Bettstarre. Das ist vermutlich derselbe Zustand, in den Lea fällt, wenn sie nachts an Per und an die Baustelle und an ihr Brautkleid denken muss. Ich habe keine Baustelle mehr, und über Männer, denen ich nicht vertraue, denke ich schon lange nicht mehr nach. Das ist Vergangenheit.

Wenn ich nachts um vier aufwache, gehe ich erst einmal auf die Toilette. Während ich aufs Klo gehe, versuche ich mir einzureden, dass mich nur die Blase gedrückt hat. Dass ich also gleich wieder einschlafen werde. So wie früher. Ich versuche, ganz locker zu bleiben und keinesfalls hysterisch zu werden. Warum sollte ich denn hysterisch werden, sage ich mir, nur weil ich nachts aufs Klo muss? Wenn ich dann auf dem Klo sitze und pinkele, schätze ich beim Pinkeln ab, wie viel ich pinkeln muss. War meine Blase so voll, dass ein Klogang wirklich nötig war? Oder musste ich in Wahrheit gar nicht aufs Klo? Aber das ist dann schon der Anfang vom Nichtwiedereinschlafenkönnen. Leute, die einfach wieder einschlafen, denken beim Pinkeln nämlich nicht daran, dass sie vielleicht aufs Klo gegangen sind, obwohl sie nicht aufs Klo müssen.

Wenn ich wieder im Bett bin, warte ich auf den Schlaf. Ich weiß nicht, was ich falsch mache. Aber je mehr mein Körper auf den Schlaf wartet, je müder meine Glieder sich fühlen, je sehnlicher sich meine Arme und Beine, meine Finger und Zehen, mein Bauch und meine Blase wünschen, wieder einschlafen zu können, umso wacher wird mein Gehirn. Das Einzige, was ich aber jetzt noch hinkriege, ist diese Bettstarre. Mein Körper tut dann so, als würde er schlafen, während mein Gehirn mit seiner Schwerstarbeit beginnt.

Ich rede mir ein, dass ruhiges, starres Daliegen so etwas Ähnliches wie Schlafen ist. Dass sich mein Körper auch dann erholt, wenn ich stillliege, ohne mich zu bewegen. Es ist eine sehr anstrengende Art, sich zu erholen, weil, wie gesagt, mein Gehirn so schwer arbeiten muss.

Meine Baustelle ist zwar seit drei Jahren geschlossen, denn das, wo Lea jetzt mittendrin ist, habe ich schon hinter mir: den Nestbau. Ich bin vor drei Jahren in mein Traumhaus eingezogen. Vor dem Einzug konnte ich deswegen nicht schlafen, weil ich nachts im Halbschlaf das Traumhaus plante. Das war die Phase, in der Lea jetzt steckt. Darum verstehe ich sie so gut, und darum ruft sie auch immer mich an, um die Schlafprobleme zu diskutieren.

Also: Mein Haus ist fertig, und meine Finanzen sind sortiert. Ich müsste also eigentlich wieder gut schlafen können. Doch nun verbringe ich meine Nächte damit, mein einstiges Traumhaus umzubauen. Fast jede Nacht mache ich das. Es liegt an den Entscheidungen, die getroffen wurden. Es liegt an der Freiheit. Jede Entscheidung für eine Sache (also etwa eine Fliese, einen Wasserhahn, eine Lampe, eine Wand) ist eine Entscheidung gegen mindestens 1000 Alternativen. Nachts verfolgen sie mich, die Alternativen, gegen die ich mich entschieden habe.

Die offene Küche zum Beispiel, die ich mit der allergrößten Begeisterung wollte, baue ich wahlweise zur geschlossenen Küche um, oder ich verschiebe die Küchenmöbel, was bei einer Einbauküche gar nicht so leicht ist. Oft verschiebe ich das Spülbecken und den Induktionsherd an die Fensterseite, weg von der Wohnseite, wo Becken und Herd jetzt liegen. Was aber den Vorteil hätte, dass ich beim Kochen aus dem Fenster schauen könnte und dass die Kochgerüche nicht sofort im ganzen Haus verteilt wären. Der Nachteil wäre aber, dass ich dann beim Kochen nicht mehr mit meinem Freund plaudern könnte, während der am Esstisch sitzt und Zeitung liest. Diesen Nachteil könnte man ausgleichen, indem man den Esstisch in die Küche verschiebt. Wozu die Küche aber zu klein ist. Es sei denn, man verrückte die eine Wand. Wenn die nicht tragend wäre, was sie aber ist. Was aber mit moderner Bautechnik, Stahlträgern und Statikern überbrückbar wäre. Aber ein Essplatz in der Küche? Genau darum wollte ich ja, unter anderem, bauen: weil ich nicht mehr in der Küche essen wollte. Kochen und gleichzeitig kommunizieren geht am besten mit einer offenen Küche. Also genau das, was ich jetzt habe. Es ist ungefähr eine Stunde um, wenn ich mich gedanklich wieder vom Küchenumbau abwende.

Und mich der Umgestaltung der Treppe zuwende, bei der mich neuerdings das sogenannte Treppenauge stört, also der offene Spalt zwischen den beiden Treppenflügeln. Dummerweise hatte ich in der Bauphase auf diesen Spalt bestanden, was den Architekten um den Verstand brachte. Der hatte eine Wandscheibe zwischen die Treppenflügel geplant, die auf den letzten Drücker wieder wegmusste – weil ich auf den freien Einfall des Lichts durch das Treppenauge Wert legte. Ein Nachschlag von 3500 Euro wurde für diese Umplanung fällig.

Was ich damals aber nicht bedacht hatte, war, dass durch das Treppenauge nicht nur Licht, sondern auch Geräusche frei einfallen. Wenn jetzt die Kinder oben in ihren Zimmern rechtschaffen lärmen, gibt es keine Barriere, die den Kinderlärm von meinen Ohren fernhält. Eine Wandscheibe statt eines Treppenauges wäre die Lösung des Problems. Dazu müsste dann freilich das schweineteure Edelstahlgeländer weg, das die Kinder vor einem Absturz durch das offene Treppenauge schützt und das seinerseits 5700 Euro gekostet hat. Ein neues Treppengeländer, das an der geschlossenen Wand des Treppenschachtes anzubringen wäre, müsste nach dem Umbau her, schließlich überall Türen rein.

Dann hätte ich mehr Ruhe. Aber wenn ich's recht bedenke, hätte ich dann auch ein dunkles Treppenloch. Wie im sozialen Wohnungsbau. Ich mag aber Licht, und was ich will, ist ein lichtdurchflutetes Traumhaus, also genau das, was ich habe. Und die Kinder lärmen ja nicht immer. Und werden eh bald groß sein. Nach einer weiteren Stunde beschließe ich dann, auch das Treppenhaus so zu lassen, wie es ist, und wende mich weiteren Problemen zu.

Ich verkleinere beispielsweise die Fenster, die ich wandfüllend groß wollte, weil ich, wie gesagt, Licht mag. Wie viel Licht diese gigantischen Fenster durchlassen, ist mir aber erst klar geworden, als ich den ersten Frühling in meinem Haus erlebte und vor lauter Licht am liebsten mit Sonnenbrille auf dem Sofa gesessen hätte. Weil mir die Sonnenbrille zu albern war, ließ ich den ganzen Tag die Beschattungsanlage unten, ein Monstrum mit kippbaren Lamellen, die Licht und Wärme draußen halten. Je heller es ist, desto stärker muss ich die Lamellen klappen. Wenn es ganz hell draußen ist, sehe ich drinnen also praktisch nichts, weil die Lamellen ja das Licht draußen halten und leider auch den Blick nach draußen versperren.

Ich habe bestimmt schon mehrere Dutzend Ideen zur Beschattung meines Wohnzimmers ersonnen. Sonnenschirme oder Pavillons vor die Fenster stellen, Bäume pflanzen, Loggia, Wintergarten oder Pergola davorbauen. Oder das Wohnzimmer umgestalten. Die Küche und das Esszimmer auf die Südseite, das Wohnzimmer auf die Nordseite. Dann allerdings wären die Küche und das Esszimmer zu hell. Man könnte nur mit Sonnenbrille essen. Und müsste im Wohnzimmer schon tagsüber Licht anmachen. Das will ja nun auch niemand. Nein, man will Licht und Sonne und raumhohe Fenster, so wie es in jeder Architekturzeitschrift zu sehen ist. Also genau das, was ich habe. Ich lasse einfach alles so, wie es ist, stelle ich am Ende der besser laufenden schlaflosen Nächte fest. Wenn es schlechter läuft, nehme ich den Änderungswahn mit in den Tag. Dann fange ich an, Wände auszumessen, Kosten zu kalkulieren, Angebote einzuholen. Wenn die dann da sind, komme ich in der Regel zur Vernunft.

Der letzte Schritt, den ich nachts dann erwäge, lautet: Ich verkaufe alles. Ich gehe weg von Berlin. Ich ziehe aufs Land. Dahin, wo die Bräute noch knallweiße Tüllkleider tragen, dorthin, wo es keine raumhohen Fensterfronten, keine Treppenaugen und keine offenen Küchen und erst recht keine Architekturzeitschriften gibt. Aber auch keine Zeitungsredaktionen. Und keine Schulen. Und auch sonst nichts von dem, was mir an Berlin gefällt. Wenn ich es nicht gerade hasse.

So liege ich da und denke im Kreis herum, anstatt zu schlafen. Und ich finde immer ein unlösbares Problem, auf das sich mein Gehirn stürzen kann. Ich hatte Phasen, in denen es Männer waren, wie bei Lea heute. Ich habe sie nachts im Halbschlaf erobert oder fallen lassen, gemordet oder geheiratet. Alles mitten in der Nacht, statt zu schlafen.

Schlaflos war ich auch aus Sorge um meine Figur. Wie kann ich noch dünner werden, fragte ich mich, bevor ich 40 wurde. Jede Nacht ging ich die Kalorien des vergangenen Tages durch. Es waren nicht viele gewesen, doch wenn man sie oft genug wiederholt, vergehen auch die Stunden. Ich konnte nicht schlafen, weil ich Hunger hatte und Angst vor dem Frühstück. Seit ich 40 bin, hat sich die Angst um die Figur geändert. Ich habe keinen Hunger mehr, sondern Sodbrennen, denn ich esse zu viel. Auch mit Sodbrennen kann kein Mensch schlafen.

Ich finde immer einen Grund, um nicht schlafen zu können. Die Sorge um meine Karriere. Die Sorge um die Karriere meiner Kindergarten- und Grundschulkinder. Oder die Sorge, den Geburtstag meiner Mutter zu vergessen. Die Sorge, an einer unheilbaren Krankheit zu sterben. Die Sorge, im Alter zu verarmen. Mein Gehirn scheint wenig Schlaf zu brauchen. Weniger jedenfalls als ich.

Ich beneide Menschen, die gut schlafen können. Ich habe festgestellt, dass Männer deutlich besser schlafen als Frauen. Mein Exmann zum Beispiel. Er schlief fast immer, es sei denn, er arbeitete. Alle anderen Beschäftigungen langweilten ihn.

Oder mein Freund. Der schläft wie ein Säugling. Und zwar nicht nur nachts, sondern auch tags. Ab und zu, so zwei- bis dreimal täglich, überkommt ihn eine kleine Tagesmüdigkeit. Dann sucht er sich flink ein Sofa und schläft ein. Mitten am Tag. Er kann von einer Sekunde auf die andere einschlafen, und zwar so fest, dass keine Kanonenkugel, kein gleißendes Sonnenlicht und auch nicht der Lärm, der durch das Treppenauge von den Kinderzimmern her nach unten schallt, ihn wecken könnte. Allerdings glaubt mein Freund, dass auch er Schlafprobleme hat. Wenn es ihm einmal nicht gelingt, von einer Sekunde auf die andere in sein Tages- oder Nachtkoma zu fallen, dann klagt er schon darüber, wie schlecht er schlafen kann. Dann steht er wütend auf und sucht nach Lösungen: Er sucht im Keller, denn dort befindet sich der Weinvorrat. Er sucht in der Küche, denn dort stehen der Kühlschrank und die Keksdose. Er sucht sich ein Sofa und dort verzehrt er, was er gefunden hat: Kekse, Käsebrote, Wein. Dazu ein bisschen Fernsehen – denn das macht ihn richtig müde. Wenn er dann wieder ins Bett kommt, schläft er einfach wieder ein, nach weniger als einer Sekunde.

Ich habe noch nicht einmal versucht, es ihm nachzumachen. Ich weiß, dass das schlimm enden würde. Ich würde Alkoholikerin werden. Ich würde fett werden. Und noch dazu schlaflos. Eine fette, alte Alkoholikerin, die nicht schlafen kann.

DIE WAHRHEIT ÜBER KINDER, MÄNNER UND FRAUEN

Warum der Nachwuchs nicht beziehungsfördernd ist

Neulich wollten meine Kinder etwas Aufregendes machen. Es war Samstag, und ein ganzes, langes Wochenende lag vor uns. Meine Kinder lieben es, am Wochenende aufregende Dinge zu machen. Sie lieben es eindeutig mehr als das, was ich am liebsten am Wochenende mache, nämlich einfach ein bisschen rumhängen, in Haus und Garten rumwuseln, Ordnung in die Dinge bringen, die während der Woche in Unordnung geraten sind.

Ich wäre wirklich gern einfach zu Hause geblieben an diesem sonnigen Wochenende. »Geht doch im Garten spielen«, sagte ich, merkte aber selbst gleich, wie schwach dieser Vorschlag war im Vergleich zu ihrem Wunsch. Für meine Kinder ist unser Garten nur ein Ablenkungsmanöver von den wirklich aufregenden Sachen. Sie vermuten, dass Berlin voller Abenteuer ist. Natürlich guckten sie mich beleidigt an. »Im Garten ist es echt voll langweilig«, sagten sie.

Ich überschlug kurz, wie viel Geld ich schon investiert hatte, um unseren langweiligen Garten aufregender zu machen. Ein Trampolin, eine Doppelschaukel, ein Klettergerüst, ein Wasserlauf, ein Kletterbaum, ein Basketballplatz inklusive Korb. Alles langweilig. Alles sinnloses Gerümpel, das sich heute mal wieder allein von der Sonne bescheinen lassen würde. Ich beschloss, mich nicht über das viele Geld zu ärgern, das ich in unseren immer noch langweiligen Garten fehlinvestiert hatte. Ich beschloss außerdem, lieber sofort nachzugeben, als erst noch zu streiten und dann erst nachzugeben.

Sie wollten einen Vorschlag. Und weil ich weiß, dass ihre Stimmung sich überraschend schnell zu Terror hochschaukeln kann, zog ich umgehend eine Idee aus dem Ärmel, die dem Wunsch meiner Kinder, Aufregendes zu erleben, möglichst nahe kam.

»Dann machen wir eben einen Ausflug ins Extavium«, sagte ich fröhlich. Nachdem ich kindgerecht erklärt hatte, dass es sich dabei um eine superaufregende Abenteuerlandschaft für junge Forscher handelt, waren die Kinder einverstanden. Wir fuhren also raus ins Brandenburgische, genau: nach Potsdam, wo das Extavium ansässig ist.

Von außen sah das Extavium nicht sehr abenteuerlich aus. Es befand sich in einer menschenleeren Gegend, einer Art Gewerbegebiet, eingebettet in Zweckbauten, und ich bekam Angst, dass dieser Eindruck sich im Inneren fortsetzen würde, was bedeutet hätte, dass der kindliche Terror, statt zu Hause, hier ausbrechen würde. Das wiederum hätte bedeutet, dass ich eine neue Idee aus dem leeren Ärmel ziehen müsste – ein Gedanke, der mich ein wenig nervös werden ließ. Doch im Innern war das Extavium dann so, dass meine Kinder es okay zu finden schienen. Es war sehr voll und sehr laut.

Ich hasse volle, laute Orte. Wenn ich allein an einen vollen, lauten Ort komme, kehre ich sofort um. Jeder Supermarkt ist mir ein Graus. Ich versuche immer, den Wocheneinkauf vormittags zu erledigen, wenn möglichst wenige Mütter mit lauten Kindern unterwegs sind. Sogar das KaDeWe meide ich.

Aber ich war nicht allein unterwegs, sondern mit meinen Kindern. Ich gebe zu, dass ich in der Familie wenig zu sagen habe. Meine Kinder haben gelernt, dass es Demokratie gibt. Sie lieben die Demokratie, weil sie mich überstimmen können.

Im lauten und vollen Potsdamer Extavium sah ich mich nach der Elternecke um. Die Zeiten, in denen ich meine Kinder bei jedem Schritt begleiten muss, sind vorbei, dachte ich mit leisem innerem Triumph. Ich wollte mich in die Elternecke lümmeln und ein wenig dösen – oder sogar lesen. Ich hatte Jonathan Franzens *Freiheit* dabei und hoffte, dass ich ein paar Seiten schaffen würde, während meine Kinder das volle und laute Extavium noch etwas voller und lauter machten.

Zwischendurch würde ich ab und zu der auf Aufforderung meiner Kinder, sie beim Forschen zu begleiten, nachkommen, ich würde Interesse und Begeisterung heucheln, ich würde ein wenig erklären. Und ich würde momentelang finden, dass es eigentlich gar nicht so schlimm ist hier. Den Rest der Zeit würde ich nur deswegen nicht finden, dass es ein verlorener Tag ist, weil ich es grundsätzlich schön finde, meinem eigenen Fleisch und Blut beim Tun und Machen zuzusehen und aus tiefstem Inneren zu empfinden, wie gut meine Kinder im Vergleich mit den Restkindern abschneiden.

Es gab hier dann auch tatsächlich eine Elternecke. Aber zum Dösen oder zum Lesen taugte sie nicht. Es handelte sich um ein paar Biergartentische mit schmalen Holzbänken davor. Bier gab es natürlich nicht, sondern Selbstbedienungskaffee aus einer Thermoskanne für sozialverträgliche 50 Cent pro Plastikbecher.

Mein Plan für die nächsten zwei bis drei Stunden war zunichte, denn auf einer Bank ohne Lehne und mit lauwarmem Aldikaffee hält es kein Erwachsener so lange aus, wie es Kinder in einer vollen und lauten Halle voller Kram aushalten, den sie anfassen, herumschleppen und ausprobieren dürfen. Womöglich waren diese Bänke Teil des familienorientierten pädagogischen Konzepts der Veranstalter. Eltern sollten nicht faul herumsitzen, sondern sich mit den Kindern ins Gewühl stürzen. Dennoch waren die Bänke voll mit Eltern. Ich wollte es auch versuchen. Ich setzte mich in eine freie Lücke und schaute mich erst mal um.

Obwohl es in der Halle so laut war, herrschte auf den Biergartenbänken Schweigen. Die Elternpaare schwiegen untereinander, aber auch miteinander. Natürlich wollte ich auch nicht mit meinen Nachbareltern reden und schwieg. Als ich dann so dasaß und schaute, fiel mir etwas auf. Es fiel mir nicht zum ersten Mal, aber diesmal besonders heftig auf. Nämlich, dass irgendwie fast alle Eltern gleich aussahen. Einige hatten Kinderwagen dabei, in denen der Nachwuchs saß, der noch zu jung war zum Rumrennen und Forschen, allerdings alt genug zum Lärm machen. Die Kinderwagen erinnerten mich an Lastkähne. Sie waren vorn am Lenkernetz und unten im Gepäckträger voller Tüten und Taschen, aus denen immer wieder Windeln und Fläschchen und Schnuller und Gläschen und Lätzchen gezogen wurden. Bei den Eltern, die die Kinderwagenzeit hinter sich hatten, reichten dann schon größere Rucksäcke. Aus denen zogen sie, je nach Bedarf und sozialer Schicht, Kekse oder Reiswaffeln, Cola oder Wasser, Gameboys oder Bilderbücher. In einer Ecke lag auf einer Matratze, die eigentlich zu einem Schwerkraftexperiment gehörte, ein Vater, den die Schwerkraft trotz der Lautstärke hier drinnen unhaltbar in die Tiefe des Schlafs gezogen hatte. Er wurde von den anderen Eltern, vor allem von einer Frau, die wahrscheinlich seine eigene war, missbilligend taxiert.

Schräg gegenüber saß ein Paar Mitte 30. Die beiden schwiegen auch und schauten dabei beharrlich jeder in eine andere Richtung. An diesem Paar war eigentlich gar nichts besonders. Sie sahen verstimmt aus, vermutlich unterdrückten sie gerade einen Streit. Und sie sahen müde aus. Sehr müde. Wie alle hier. Es war die gleiche Müdigkeit, die alle Eltern irgendwann einmal kennenlernen und die sich von der Müdigkeit der Vorelternzeit dramatisch unterscheidet, weil es eine akkumulierte Müdigkeit ist.

Diese Müdigkeit entsteht aus Schlafmangel, der älter, tiefer und ernster ist als der Schlafmangel, der von einer durchzechten oder durchtanzten oder durchfeierten Nacht zurückbleibt. Sie entsteht, wenn man viele, viele Nächte lang am Schlafen gehindert wird. Wenn man Schlaf in Fünf-, Vier-, Drei- oder Zweistundeneinheiten bekommt, und zwar über viele Monate oder Jahre hinweg. So alt ist diese Müdigkeit, wie das älteste Kind eines Paares.

Schlafentzug gilt als Krone der nichtinvasiven Folter. Folter ist vom deutschen Grundgesetz verboten, weil sie gegen die Menschenwürde verstößt. Schreiende Kinder, die nachts trinken wollen, spielen wollen oder einfach nur schreien wollen, sind allerdings aus diesem Folterverbot ausgenommen. Der psychische Effekt für die Eltern ist aber dennoch der gleiche. Der Schlafentzug und die Müdigkeit verändern alles: die Hautfarbe, die Haarfarbe, die Augenfarbe. Außerdem die Fähigkeit zu sehen, zu sprechen, zu lesen, zu denken. So sah auch das Paar schräg gegenüber aus. Es unterschied sich insofern nicht von den anderen auf diesen Bänken. Dieses Paar fiel mir aber deswegen auf, weil etwas an ihnen anders war. Weil sie nicht innerhalb der Zeit, in der Kinder den Mittelpunkt ihres Lebens erobert hatten, zu Volleltern geworden waren, innerlich wie

äußerlich. Zu Wesen, die sich ihrem elterlichen Schicksal ergeben hatten, das darin bestand, eine Flasche nach der anderen zu reichen und dabei zu vergessen, die Haare zu waschen
oder das Hemd zu bügeln, bevor man es anzog. Sie hatten sich
jeder eine Kleinigkeit bewahrt, die mich an ihre Vorelternzeit
erinnerte: Er trug einen silbernen Ring im linken Ohr, und
sie trug den gleichen Ring in der Nasenscheidewand. Ich sah
es ihnen an: Trotz der grauen Haut, trotz der trüben Augen,
trotz der Leere und des Schweigens zwischen ihnen waren
diese beiden hier vor etwa fünf Jahren, denn so alt schätzte ich
den älteren ihrer zwei Söhne, mal ganz heiße Feger. Sie hatten
nicht, wie die anderen Eltern hier, die Ohrringe und die Na-
sengestecke abgelegt, als der erste Schrei ihres ersten Kindes
an ihre Ohren drang, sie hatten den Schmuck und mit dem
Schmuck die Hoffnung behalten, dass die schöne Zeit, in der
sie wild und verliebt und nur miteinander und den Dingen,
die man zu zweit erleben kann, beschäftigt waren, dass diese
schöne Zeit eines Tages wiederkommen würde.

Wahrscheinlich wussten die beiden nicht, was ihnen noch
bevorstand. Vielleicht ahnten sie es, wollten es aber nicht
wahrhaben. Vielleicht verdrängten sie es noch. Ich aber, ich
wusste es.

Das jüngere ihrer beiden Kinder war ungefähr anderthalb
Jahre alt. Es würde noch eine Weile brauchen, ehe es die Bedürfnisse seiner Eltern zu respektieren verstand. Es würde
noch eine Weile sich allein als den Mittelpunkt der Welt ansehen und seine Eltern als Wesen, die dafür da waren, mit
Fläschchen, Windeln und Lätzchen um diesen Mittelpunkt zu
kreisen.

Einen Moment lang war mir, als würde das Leben dieses
Paares wie ein Film vor meinen Augen ablaufen. Sie, die Frau

175

mit dem Nasenring, würde in den Jahren, die jetzt vor ihr lagen, das Gefühl nicht loswerden, die Hauptlast der Familienaufzucht zu tragen. Sie würde nachts öfter aufstehen als er, um Fläschchen zu wärmen, um Albträume zu vertreiben, um Nasentropfen zu reichen, um Fieber zu messen und Zäpfchen zu geben. Sie würde noch eine Weile auf den Beruf verzichten und sich zu Hause damit beschäftigen, Kartoffelbrei mit Möhrchen oder Reis mit Spinat zu kochen, die Wäscheberge wegzuwaschen, den Kühlschrank voll und die Wohnung sauber zu machen. Sie würde irgendwann den Wiedereinstieg in den Beruf planen, natürlich in Teilzeit und natürlich in einer anderen, weit weniger spannenden Abteilung ihres alten Unternehmens. Sie würde auf Karriere verzichten und Erfüllung in der Erziehung suchen. Sie würde finden, dass das Glück, die eigenen Kinder beim Machen und Tun zu beobachten und immer wieder festzustellen, wie gut die eigenen Kinder im Vergleich mit den Restkindern abschnitten, die ihr bestimmte Form der Befriedigung geben würde. Das würde sie denken, obwohl sie vor den Kindern den Beruf als ihren Lebensinhalt betrachtet hatte.

Sie würde ihm Vorwürfe machen, dem Mann mit dem Ohrring, der früher mal so cool aussah und mit dem sie jetzt schon seit Jahren verheiratet war. Weil er nachts nicht aufstand. Weil er spät nach Hause kam. Weil er tags so viel erlebt und erledigt hatte, während sie noch nicht einmal dazu gekommen war, sich die Zähne zu putzen. Weil er Kollegen, Beruf, Erfolg und Gehalt nicht, wie sie, der Kinder wegen aufgegeben hatte. Weil sein Leben, trotz der Kinder, die ihr ganzes Leben auf den Kopf gestellt hatten, im Wesentlichen so weiterging wie früher.

Sie würde wütend auf ihn sein. Weil er den ganzen Tag seine eigenen Ziele verfolgen konnte und dann, wenn er spät nach

Hause kam, lieber fernsah, als sich nach ihrem Tag zu erkundigen, nach ihren Sorgen, nach ihren Hoffnungen und Enttäuschungen. Weil sie sich fühlte wie eine Gehetzte und weil sich niemand in ihrer Familie für ihre Gefühle zu interessieren schien. Und weil er dann, abends im Bett, wenn sie sich müde wie Blei und schwer wie Beton fühlte, auch noch ankam, um ehelichen Beischlaf einzufordern. Sie hatte schon lange keine Lust mehr auf ihn, nur noch auf ein drittes Kind. Und so trafen sie ab und zu nachts aufeinander – eine lästige Angelegenheit, lahm und langweilig. Sie hatten keinen »Sex« mehr, sondern »Geschlechtsverkehr«.

Und er? Er, der Mann mit dem Ohrring, würde in den Jahren, die jetzt vor ihm lagen, das Gefühl nicht loswerden, die Hauptlast der Familienaufzucht zu tragen. Er würde, obwohl er am nächsten Tag arbeiten gehen müsste, um für den Familienunterhalt die finanziellen Mittel heranzuschaffen, nachts mindestens ebenso oft aufstehen wie sie, und auch dann, wenn ihm zum Aufstehen die Kraft fehlte, wach werden, weil die Kinder schrien, weil Fläschchen oder Nasentropfen gereicht, Albträume vertrieben, Fieber gemessen oder Zäpfchen gegeben wurden.

Er würde dennoch am nächsten Morgen vom Wecker aus dem Schlaf und von der Angst, im Job zu versagen, ins Büro getrieben werden. Und dort würde er dann jeden Tag kämpfen – und zwar nicht für seine egoistische Karriere, sondern für seine ganze Familie. Damit die große Wohnung, in die sie umgezogen waren, bezahlt werden konnte, und das neue Auto mit Airbags für alle, die umfänglichen Einkäufe und die kostspieligen Freizeitaktivitäten. Damit er ihren Wunsch nach All-inclusive-Urlaub, ihren Traum vom eigenen Haus und sogar ihren neuerdings immer wieder geäußerten Wunsch nach einem dritten Kind erfüllen konnte. Er würde jeden Tag auf das verzichten, was seine Frau, die nicht arbeiten musste, bekam: das Glück, die eigenen Kinder beim Machen und Tun zu beobachten, die Möglichkeit, Familie nicht nur zu haben, sondern auch zu genießen und tagtäglich feststellen zu können, wie gut die eigenen Kinder im Vergleich mit den Restkindern abschnitten. Er würde sie undankbar finden.

Und er würde ihr Vorwürfe machen: Weil ihm, wenn er müde von der Arbeit nach Hause kam, nicht einmal die Tagesthemen gegönnt wurden, weil er ihre Überforderung nicht verstand, weil er ihr Leben als Hausfrau heimlich verachtete. Weil er sich fühlte wie ein Gehetzter und weil sich niemand in seiner Familie für seine Gefühle zu interessieren schien. Und weil das, was nachts ab und zu zwischen ihnen passierte, lahm war und langweilig. Und weil er vor dem Einschlafen lieber an die neue Praktikantin dachte als an seine Hausfrau.

Die beiden, wie sie da so saßen und warteten, dass der Tag zu Ende ging, wussten vermutlich nichts von dem, was das Leben als Eltern für sie noch bereithielt und was mir, in diesen Momenten des Wartens auf das Ende des Abenteuertags im Extavium von Potsdam, klar wie ein Film vor den Augen ablief. Vermutlich hofften die beiden noch auf ein Happy End ihres traurigen Familiendaseins. Sie trugen ihre Ohr- und Nasenringe wie trotzige Kinder, die weiter an den Weihnachtsmann glauben wollen.

Ich rief meine Kinder und freute mich, dass sie nach vier Stunden Rumrennen, Rumtoben und Rumforschen so rosig glänzten und dass sie übersprudelten vor Begeisterung und dass der Abenteuertag im Brandenburgischen ihnen gefallen hatte. Ich war richtig glücklich, dass meine Kinder nicht nur etwas Aufregendes erlebt, sondern auch allerhand gelernt hatten, was sie nun auch mir erklären mussten. 45 Minuten lang, die ganze Heimfahrt, bis das Auto wieder geparkt war, würden sie mir alles, alles erzählen. Zu Hause würden sie vor Müdigkeit fast beim Abendessen einschlafen. Und um neun Uhr würden sie im Bett liegen, und ich würde dann noch zwei Stunden lang in aller Ruhe *Freiheit* von Jonathan Franzen lesen.

Diese beiden Stunden würden mich entschädigen für die vier Stunden auf den harten Potsdamer Biergartenbänken. Ich würde vor dem Einschlafen finden, dass dies ein rundrum gelungener Tag war mit meinen Kindern und mich fragen, wie ich, bevor ich sie hatte, die Wochenenden verbringen konnte, ohne vor Langeweile zu vergehen. Ich würde einschlafen und glücklich sein und dann vielleicht von meinen Kindern träumen. Und meine Kinder würden in ihren Betten liegen und was Hübsches träumen, möglicherweise von einem aufregenden Tag, möglicherweise von ihrer Mutter. Es wäre eine gute Nacht nach einem guten Tag. Meine Kinder schlafen schon lange durch.

DIE WAHRHEIT ÜBER
URLAUB MIT KINDERN

Warum Ferien mit der Familie ein Albtraum sind

Neulich kam Corinna aus dem Urlaub zurück. Corinna ist meine Kollegin. Sie war zwei Wochen lang weg gewesen. Zwei Wochen des Jahresurlaubs, der ja rein arbeitsrechtlich dazu da ist, die Arbeitskraft zu regenerieren. Man kann es auch Entspannung nennen. Aber Corinna sah nicht entspannt und erst recht nicht regeneriert aus. Sie sah verheerend aus. Rote Augen, struppige Haare, hohlwangig. Corinna sah so aus, wie man aussieht, wenn man tagelang nicht geschlafen und schlecht gegessen hat. Hätte ich nicht gewusst, dass sie gerade aus dem Urlaub zurückgekehrt war, hätte ich ihr geraten, dringend mal Urlaub zu machen.

»Ist alles okay bei dir?«, fragte ich vorsichtig, um nicht sofort in ein möglicherweise bereitstehendes Fettnäpfchen zu treten. »Jaja. Doch«, sagte Corinna und gähnte herzhaft. Dann lachte sie, und ich dachte, okay, immerhin kein Todesfall in der Familie. Jetzt wagte ich die Frage: »Wie war der Urlaub?« Da verdrehte sie die Augen und knurrte mich an: »Erinnere mich nicht daran!« Dann begann sie zu erzählen. Ihr Urlaub lässt sich mit drei Worten zusammenfassen: Es war schrecklich.

Corinna hat drei Kinder und einen Mann. Ihr Urlaub fand in Dänemark statt. In einer Ferienwohnung. Die Ferienwohnung war klein. Ungefähr halb so groß wie ihre Wohnung in Berlin. Die Möbel waren hässlich. Die Küche versprühte den Charme von Norwegian Wood, leicht angegammelt. Im Badezimmer gab es nur eine Dusche. Mit einem Vorhang, der ziemlich streng müffelte.

Und dann die Kinder. Sie quengelten. Sie quengeln natürlich auch zu Hause, aber dort gehen sie zwischendurch in den Kindergarten und in die Schule. In der Ferienwohnung in Dänemark quengelten sie ohne Unterbrechung. Sie hatten zu nichts Lust. Außer zum Fernsehen. In dieser Frage war Dänemark wie Deutschland, nur dass in Dänemark die Alternativen fehlten: Nintendo, Playstation und Freunde besuchen. Darum sahen Corinnas Kinder fern. Und zwar gründlich. Eigentlich ununterbrochen. Es störte sie zwar, dass im dänischen Fernsehen nun mal dänisch gesprochen wird und an deutschen Programmen nur *arte* und *Phoenix* zu empfangen waren. Aber es störte nur ein bisschen. Nicht so sehr, dass sie deswegen gleich den Fernseher ausgeschaltet hätten.

Meine Kollegin ist eine Freundin der Hochkultur. Sie tat alles, um ihren Kindern die Kirchen und Museen, die Natur und die Landschaft der Umgebung schmackhaft zu machen. Die Kinder zogen aber den Fernseher vor. Oder zur Abwechslung eine der Disney-DVDs, die sie eigentlich für Schlechtwettertage mitgenommen hatten. Am Ende der Ferien konnten sie *König der Löwen* auswendig. Auch bei *Toy Story*, *Jurassic Park*, *Findet Nemo* und *Madagascar* waren sie gegen Urlaubsende textsicher. Auch die Eltern.

Zwei Ausflüge, die meine Kollegin mit dem letzten Rest ihrer Autorität anordnete, waren überschattet von einem Satz, den ihre drei Kinder reihum alle zwei Minuten sprachen: »Mir ist langweilig.«

Außerdem hatte Corinna zwei Wochen lang selbst gekocht und geputzt. Sie hat Geschirr gespült und Wäsche gewaschen, weil es in der dänischen Ferienwohnung weder eine Spül- noch eine Waschmaschine gab.

»Aber ansonsten war es ganz schön«, sagte sie zum Schluss. Ich nickte heftig, weil ich ihr nicht das Gefühl geben wollte, das sie ohnehin schon hatte, nämlich dass ihr Urlaub komplett verpfuscht war. Um sie zu trösten, sagte ich: »Du, ich finde, dass du richtig erholt aussiehst«, und sie lächelte dankbar. Dann gähnte sie noch einmal, legte den Kopf auf den Schreibtisch und schlief ein.

Während meine Kollegin so dalag, die linke Schläfe auf dem Radiergummi und die Wange auf das Telefonkabel gebettet, dachte ich zurück an meine eigenen Familienurlaube.

Ich mache mir nichts vor. Wenn ich aus dem Urlaub zurückkomme, sehe ich genauso aus wie meine Kollegin, wahrscheinlich sogar schlimmer – wegen jener allgemein bekannten mathematischen Formel, der zufolge der Anstrengungsfaktor sich mit jedem Kind verdoppelt, also logarithmisch oder exponentiell oder sonst wie mathematisch.

Wir verreisen zu sechst. Zwei Erwachsene und vier Kinder, altersmäßig sauber gestaffelt zwischen derzeit acht und 11 Lebensjahren. Das bedeutet: dass ich nach zwei Urlaubswochen, wegen besagter Logarithmik der Anstrengung, exakt doppelt so ausgelaugt aussehe wie meine Kollegin.

Ferienwohnung

Als die Kinder noch sehr klein waren, machten wir es wie Corinna. Wir mieteten eine Ferienwohnung. Ferienwohnung ist das Einzige, was geht, solange die Kinder noch nicht urlaubsreif sind, dachte ich damals.

Unsere Ferienwohnung liegt nicht in Dänemark, sondern schräg gegenüber: auf Sylt. Vier Jahre Sylt haben Spuren hinterlassen.

Zwar hatte unser Ferienhaus eine Spülmaschine. Es war ein schönes Haus. Es gab mehrere Kinderzimmer und einen großen Fernseher. Darauf hatte ich beim Buchen geachtet. Trotzdem gab es Tag und Nacht Probleme.

Fangen wir mit den problematischen Nächten an: Die Kinder wollten nicht in den Kinderzimmern schlafen. Ab zwölf Uhr nachts versammelten sie sich im Stundentakt in einem einzigen Zimmer, in einem einzigen Bett. Im Elternschlafzimmer, im Elternbett. Dort schliefen sie tief und fest, während wir die Wahl hatten: entweder im Elternbett bleiben. Deckendiebstahl ertragen, acht Füße und acht Fäuste ertragen, die uns zu irgendwas Kampfsportartigem missbrauchten. Vier Köpfe ertragen, die uns mit Kopfkissen verwechseln. Oder ausziehen. In ein Kinderzimmer.

Kinder schlafen nach meiner Erfahrung nirgends so gut wie im Bett der Eltern. Es stört sie nicht, beim nächtlichen Hin- und Herwälzen immerzu gegen Elternfleisch zu stoßen. Sie wachen nicht auf, wenn ihr Kopf auf einem Riesenkissen namens Papas Bauch oder Mamas Brust liegt. Weil das Elternbett so erholsam ist, erwachen Kinder auch immer besonders früh, wenn sie die Nacht hier verbracht haben.

So war es auch auf Sylt. Die früh ausgeschlafenen Kinder beendeten spätestens um halb sieben ihre Nacht und weckten uns, um das Tagesprogramm zu besprechen.

Außerhalb des Urlaubs um halb sieben geweckt zu werden, macht mich schon lange nicht mehr sauer. Im Urlaub ist es an-

ders. Im Urlaub möchte ich ausschlafen. Das habe ich so beschlossen, und das ziehe ich gegen vier Kinder mit vier Köpfen, acht Füßen und acht Fäusten durch. Basta. Vor neun stehe
ich nicht auf. Und alle Kinder, die beschlossen haben, mitten
in der Nacht hellwach zu werden und was von mir zu wollen,
fliegen raus aus dem Zimmer, in dem ich gerade schlafe.

6.35 Uhr: Die Kleine weckt mich, um mir zu sagen, dass ihr
langweilig ist. Sie fliegt raus.

6.40 Uhr: Der Kleine weckt mich, um mir zu sagen, dass
ihm langweilig ist. Er fliegt raus.

6.45 Uhr: Die Kleine weckt mich, um mir zu sagen, dass ihr
langweilig ist. Sie fliegt raus.

6.50 Uhr: Der Kleine weckt mich, um mir zu sagen, dass
ihm langweilig ist. Er fliegt raus.

6.55 Uhr: Die Kleine weckt mich, um mir zu sagen, dass ihr
langweilig ist. Sie fliegt raus.

7.00 Uhr: Der Kleine weckt mich, um mir zu sagen, dass
ihm langweilig ist. Ich erlaube ihm, den Fernseher anzuma-
chen.

7.05 Uhr: Die Kleine weckt mich, um mir zu sagen, dass sie
den Fernseher nicht ankriegt. Sie fliegt raus.

7.10 Uhr: Der Kleine weckt mich, um mir zu sagen, dass er
den Fernseher nicht ankriegt. Er fliegt raus.

7.15 Die Kleine weckt mich, um mir zu sagen, dass sie den
Fernseher nicht ankriegt. Sie fliegt raus.

7.20 Uhr: Der Kleine weckt mich, um mir zu sagen, dass er
den Fernseher nicht ankriegt. Ich stehe auf, mache den Fernseher an und lege mich wieder hin.

7.25 Uhr: Die beiden Großen wecken mich, um mir zu sagen, dass sie wach sind. Sie fliegen raus.

7.30 Uhr: Die beiden Kleinen wecken mich, um mir zu sagen, dass sie nicht *Schloss Einstein* sehen wollen. Ich erlaube ihnen umzuschalten. Dann fliegen sie raus.

7.35 Uhr: Die beiden Großen wecken mich, um mir zu sagen, dass sie nicht *Lauras Stern* sehen wollen. Ich erlaube ihnen umzuschalten. Dann fliegen sie raus.

7.40 Uhr: Die beiden Kleinen wecken mich, um mir zu sagen, dass sie nicht *Schloss Einstein* sehen wollen. Ich erlaube ihnen umzuschalten. Dann fliegen sie raus.

7.45 Uhr: Die beiden Großen wecken mich, um mir zu sagen, dass sie nicht *Pippi Langstrumpf* sehen wollen. Ich erlaube ihnen umzuschalten. Dann fliegen sie raus.

7.50 Uhr: Die beiden Kleinen wecken mich, um mir zu sagen, dass sie nicht *Die Pfefferkörner* sehen wollen. Ich erlaube ihnen umzuschalten. Dann fliegen sie raus.

7.55 Uhr: Riesengeschrei aus dem Wohnzimmer weckt mich. Ich stehe auf und schlichte einen Kampf um die Fernbedienung zwischen den Großen und den Kleinen. Ich suche nach einer DVD, erwische *Schweinchen Babe*, nehme die Fernbedienung mit ins Bett und schlafe weiter.

8.00 Uhr: Die beiden Großen und die beiden Kleinen wecken mich, um mir zu sagen, dass sie nicht *Schweinchen Babe* sehen wollen. Sie fliegen raus.

8.05 Uhr: Die beiden Großen und die beiden Kleinen wecken mich, um mir zu sagen, dass sie nicht *Schweinchen Babe* sehen wollen. Sie fliegen raus.

8.10 Uhr: Die beiden Großen und die beiden Kleinen wecken mich, um mir zu sagen, dass sie nicht *Schweinchen Babe* sehen wollen. Sie fliegen raus.

8.15 Uhr: Die beiden Großen und die beiden Kleinen wecken mich, um mir zu sagen, dass sie nicht *Schweinchen Babe* sehen wollen. Sie fliegen raus.

8.20 Uhr: Die beiden Großen und die beiden Kleinen wecken mich, um mir zu sagen, dass sie nicht *Schweinchen Babe* sehen wollen. Sie fliegen raus.

8.25 Uhr: Die beiden Großen und die beiden Kleinen wecken mich, um mir zu sagen, dass sie nicht *Schweinchen Babe* sehen wollen. Ich stehe auf und mache den Fernseher aus.

8.30 Uhr: Riesengeschrei aus dem Wohnzimmer weckt mich. Ich stehe auf und schlichte einen Kampf um irgendwas. Ich gehe ins Bett und schlafe weiter.

8.35 Uhr: Riesengeschrei aus dem Wohnzimmer weckt mich. Ich stehe auf und schlichte einen Kampf um irgendwas. Ich gehe ins Bett und schlafe weiter.

8.40 Uhr: Riesengeschrei aus dem Wohnzimmer weckt mich. Ich stehe auf und schlichte einen Kampf um irgendwas. Ich gehe ins Bett und schlafe weiter.

8.45 Uhr: Die beiden Kleinen wecken mich, um mir zu sagen, dass sie Hunger haben. Sie fliegen raus.

8.50 Uhr: Die beiden Großen wecken mich, um mir zu sagen, dass sie Hunger haben. Sie fliegen raus.

8.55 Uhr: Die beiden Kleinen wecken mich, um mir zu sagen, dass sie Hunger haben. Sie fliegen raus.

9.00 Uhr: Die beiden Großen und die beiden Kleinen wecken mich, um mir zu sagen, dass sie Hunger haben. Ich stehe auf und mache Frühstück.

Es ist relativ schwer, in Urlaubsstimmung zu kommen, wenn 14 Tage lang jeder Morgen in dieser Art beginnt. Es wäre viel besser für meine Nerven, wenn ich direkt um 6.35 Uhr aufstünde. Aber beschlossen ist beschlossen und wird durchgezogen. Wenn ich mich vom letzten Rest Urlaubsegoismus verabschiede, kann ich auch gleich zu Hause bleiben.

Das waren die Schwierigkeiten der Nacht. Kommen wir zu

den Schwierigkeiten des Tages: Zu retten ist so ein Tag eigentlich nur noch, wenn das Wetter gut ist. In unserem ersten Ferienwohnungsurlaub auf Sylt war das Wetter an jedem zweiten Tag gut. An jedem ersten Tag sah das Programm wie folgt aus: DVD rein, DVD raus, DVD rein, DVD raus, DVD rein, DVD raus. Wir schafften sieben Filme pro Tag. »Das ist cineastische Bildung«, entgegnete ich der vorwurfsvollen pädagogischen Stimme in mir. Und ich dankte an allen Schlechtwettertagen dem lieben Herrgott dafür, dass er Disney geschaffen hat. Wir sahen alles an Disneyfilmen durch, was in unser Reisegepäck gepasst hatte. Und als wir unsere eigenen Filme auswendig konnten, half die Videothek von Westerland weiter.

An jedem zweiten Tag war das Wetter gut. Wir gingen an den Strand. Kleine Kinder mögen Strand. Strand ist ein gesunder Ausgleich zum Dauerfernsehen. Es macht Kindern Spaß, sich mit Sand zu beschäftigen. Erstaunlich, wie viel Fantasie eine riesige, undefinierte Masse Sand in Kindern freisetzen kann. Mit Eimern und Schaufeln und Wasser und Sand können sie sich überraschend lange beschäftigen, ohne sich zu langweilen.

Das habe ich als Kind auch gemacht. Ich finde, dass es zum Großwerden dazugehört, die Textur und den Geschmack von Seesand kennenzulernen. Sand ist weich am Fuß und trotzdem kratzt er im Schuh, das ist eine wertvolle Erfahrung, die jedes Kind machen sollte. Mit Sand lernt man außerdem Freude und Frust des Bauens kennen. Sand ist ein williger und doch tückischer Baustoff. Pädagogisch sehr wertvoll ist das.

Schlösser und Burgen und Autobahnen und Löcher und Höhlen – mit Sand kann man solche an sich komplizierten Bauwerke leicht errichten, auch wenn man erst sechs Jahre alt ist. Ich bin ziemlich sicher, dass auch Schinkel und Mies van der Rohe, Le Corbusier, Walter Gropius, Oscar Niemeyer, Elke Delugan-Meissl und wie sie alle heißen mit Sand zu bauen angefangen haben.

Sand ermuntert zum Kühnen, zeigt dann aber ziemlich fix, wo die Grenzen des Bauens sind. Ein zu tiefes Loch, ein zu hohes Schloss, eine zu lange Brücke oder zu schwere Lasten führen dazu, dass das Bauwerk zusammenbricht. Auf Sand zu bauen, tut einem Gebäude genauso wenig gut wie einer Beziehung. Mein fundiertes Wissen über Statik und Psychologie habe ich als Kind am Strand erworben.

Meine Kinder liebten Strandtage, solange sie klein waren. Und ich liebte sie auch. Hier erholten sich meine ramponierten Nerven vom zerhackten Morgen und vom verregneten Vortag. Dösend. Nach fünf Stunden Dösen fühle ich mit fit.

Die Strände von Sylt haben viel Sand. Das Problem am Sand ist, dass er mit nach Hause kommt. Sand auf dem Sofa. Sand in den Haaren. Sand in den Betten. Überall Sand. Weil ich Sand nur am Strand mag, hieß es also Staubsaugen. Eine Tätigkeit, die ich in Berlin schon seit Jahren an eine Putzfrau delegiert habe – in der Ferienwohnung auf Sylt durfte ich täglich ran.

Das war der erste Sommer auf Sylt. Im zweiten Sommer auf Sylt regnete es ohne Unterbrechung. Es stürmte und hörte nicht auf. Das Tagesprogramm stand also fest. Bei Regen sieht man fern, das hatten die Kinder im Vorjahr gelernt. Es dauerte eine Weile, bis ich merkte, dass sie recht hatten. Zunächst versuchte ich es mit pädagogisch wertvollen Angeboten.

Am ersten Regentag setzten wir mit dem Schiff nach Hallig Hooge über. Zwei Stunden dauert die Schiffsfahrt, zwei Stunden der Mindestaufenthalt. Nach 10 Minuten an Bord fragten die Kinder, wann wir da sind, von da an im Fünfminutenrhythmus. Auf Hallig Hooge regnete es auch. Nach zehn Minuten auf Hallig Hooge fragten die Kinder, wann es wieder zurückgeht, von da an im Fünfminutenrhythmus. Sie scheinen genetisch auf fünf Minuten programmiert zu sein. Sie brauchen dafür keine Uhr. Sie hätte damals aber auch nichts genützt, denn sie konnten die Uhr nicht lesen.

Am zweiten Tag auf Sylt besuchten wir die Sylter Welle. Dieselbe Idee hatten alle anderen Sylturlauber auch. Nach einer Stunde anstehen waren wir drin. Es war, ja, sehr voll. Die Kinder mochten die Sylter Welle nicht. Warum hier das Wasser salzig sei? Wann wir wieder nach Hause fahren? Im Fünfminutenrhythmus.

Am dritten Tag gingen wir in die Sansibar, denn außer der Sansibar und McDonald's gibt es auf Sylt eigentlich nichts, wenn man Hunger hat. Außer selbst kochen natürlich. Alle Syltfreunde lieben die Sansibar. Ich hätte sie auch gern geliebt, man schwimmt ja so gern im Schwarm.

Es war sehr voll. Alle Tische waren besetzt. Und die Wege dazwischen waren auch voll, weil da Leute wie wir rumstanden und warteten. Wie lange wir zwischen den Tischen standen und fremden Menschen auf die Teller starrten und emsigen Kellnern den Weg versperrten, weiß ich nicht mehr. Irgendwann, die Kinder waren bereits im Hungerdelirium, fuhren wir zurück in unsere Ferienwohnung und kochten Nudeln.

Am vierten Tag reservierten wir einen Platz in der Sansibar. Wir hatten Glück. Gerade hatte eine Familie mit zwei Kindern ihre Reservierung zurückgegeben. Wir nahmen den Tisch. Wo vier rangehen, gehen auch sechs ran, dachten wir. Und wir hatten recht. Wir quetschten uns etwas zusammen, und es war eigentlich ganz gemütlich. Aber nun glotzten uns die Wartenden auf die Teller. Die Kinder der Wartenden heulten. Und die Kellner kamen nicht durch die verstopften Gänge. Als ein Kellern sich zu uns durchgeschlagen hatte, bestellten die Kinder Nudeln. Was ich aß, habe ich vergessen.

Am fünften Regentag steuerten wir das Fischrestaurant Gosch in List an. Es war voll. Wir warteten so lange auf einen Platz, bis die Kinder zu heulen anfingen, darin hatten sie ja schon Übung. Dann fuhren wir zu McDonald's nach Westerland und aßen Chicken McNuggets, die hier genauso schmecken wie in Berlin, nur dass wir sehr lange in der Schlange warten mussten. Aber wenigstens war ich ums Nudelnkochen herumgekommen.

Am sechsten Regentag fuhren wir schon wieder nach Westerland. Wir wollten ins Kino. Es gab *Kung Fu Panda*, ein Disneystreifen, dessen Titel uns hoffen ließ, dass die Kinder und wir den gleichen Spaß haben würden – sie beim Sehen, wir beim Schlafen. Doch daraus wurde nichts, denn wir wurden nicht reingelassen. »FSK 6«, sagte die friesische Kinokartenverkäuferin und schaute auf die beiden Kleinen.

Am siebten Regentag gaben wir auf. Wir blieben zu Hause, die ganze zweite Woche lang. Wir taten das, was die Kinder sich schon die ganze Zeit gewünscht hatten. Aus der Videothek in Westerland holte ich große Berge von DVDs. Unter anderem auch *Kung Fu Panda*.

So kam es, dass ich urlaubsreif war, als wir aufbrachen, dass ich mit jedem Urlaubstag auf Sylt urlaubsreifer wurde und urlaubsreif und todmüde war, als wir nach zwei Wochen nach Berlin zurückkehrten. Am ersten Tag im Büro schlief ich einfach ein, den Kopf auf dem Schreibtisch zwischen Telefonkabel und Radiergummi gebettet.

Mein persönliches Fazit aus diesen beiden Urlauben besteht aus einem kurzen Satz: nie wieder Ferienwohnung. Es war ein befreiender Moment, als ich ihn das erste Mal dachte.

Doch ein Jahr später stand wieder ein Sommer vor der Tür. Ich spürte bereits eine leise Panik in mir aufsteigen. Alle drängten auf Urlaub.

»Sylt!«, forderte das Familienoberhaupt, das plötzlich vergessen zu haben schien, was wir dort im letzten Jahr durchlitten hatten.

Hotel

Rechtzeitig vor Beginn der Sommerferien flatterte ein Werbeprospekt ins Haus. Hotel. Südtirol. Berge. Mit Halbpension und Pool. Und ohne Fernseher. Ich fragte niemanden, ob er Lust dazu hatte, nicht mal die Kinder. Ich buchte einfach. Zwei Zimmer, 14 Tage.

Eines Morgens im Juni: Um drei Uhr in der Früh luden wir das Auto voll mit Taschen und Kindern und fuhren los. Ungefähr um 3.30 Uhr, da waren wir gerade an Kleinmachnow vorbeigefahren, begann der Kleine zu kotzen. Eine halbe Stunde später musste er seine Kotztüte an die Kleine weiterreichen. Gott sei Dank waren die Mägen der beiden nun leer, sodass sie auf dem Rest der Reise keinen stinkenden Mageninhalt mehr aus sich heraustransportieren konnten, sondern nur noch still vor sich hin würgten. Das störte die Fahrt nicht. Zehn Stunden später kamen wir an – in unserem Hotel.

Es ging ganz gut los. Die Wirtin kam uns entgegen. Sie lächelte. Sie lächelte vor allem die Kinder an, was ich professionell fand. Anstelle der ahnungslosen Wirtin hätte ich auch gelächelt. Unsere Kinder sind vermutlich ein schöner Anblick. Man sieht es nicht sofort, dass in den niedlichen Köpfen viel Platz für hässliche Ideen ist. Immerhin waren die Kinder von der Fahrt zu erschöpft, um den weniger niedlichen Ideen sofort freien Lauf zu lassen. Mir aber schwante, dass es eine kurze Freundschaft werden könnte.

Schon am nächsten Morgen wurde es schwierig. »Wann gehen wir an den Strand«, fragte die Kleine.

»Ist das Wasser hier auch salzig?«, fragte der Kleine.

»Hier gibt's keinen Strand«, sagte ich. »Hier gibt's Berge, und wir gehen wandern.«

»Wir gehen nicht wandern«, stellten die Großen klar.

»Wir gehen auch nicht wandern«, stellten die Kleinen klar.

»Wir gehen an den Pool«, stellten die Großen klar.

»Wir gehen auch an den Pool«, stellten die Kleinen klar.

Das Wetter war herrlich. Der Blick glasklar. Wäre das hier Sylt gewesen, man hätte bis Dänemark gesehen. Das Bergpanorama verschlug uns den Atem. Den Kindern war es egal. Wir gingen in die Berge, die Kinder an den Pool. Als wir am Abend zurückkamen, nahm uns die Wirtin zur Seite. Sie schaute nicht mehr ganz so freundlich. »Ihre Kinder«, sagte sie und schüttelte den Kopf. Um es kurz zu machen. Die Kinder hatten ihren Spaß gehabt. Und unterdessen alle anderen Hotelgäste aus dem Poolbereich vertrieben. Die Wirtin flehte uns an: »Lassen Sie sie nicht mehr allein, sonst verlieren wir die Kundschaft.«

Wir hätten die Kinder gern mitgenommen in die Berge. Aber sie wehrten sich. Sie wehrten sich so, wie man sich wehrt, wenn man zum Schafott geführt wird. Es stellte sich schnell heraus, dass die Kinder nicht mit uns wandern gehen würden.

»Wir gehen auch heute nicht mit euch wandern«, stellten die Großen klar.

»Wir gehen auch heute nicht mit euch wandern«, stellten die Kleinen klar.

»Wir gehen auch heute wieder an den Pool«, stellten die Großen klar. »Wir gehen auch heute wieder an den Pool«, stellten die Kleinen klar.

Was sollten wir tun? Es gab hier keinen Strand. Es gab hier nicht einmal einen Fernseher. Das Einzige, was es gab, waren Berge. Und einen Pool. Und eine Wirtin, die uns inständig gebeten hatte, sie nicht in den Ruin zu treiben.

Darum taten wir, was getan werden musste. Wir verbrachten den Rest der Zeit am Pool und fragten uns, warum wir nicht nach Sylt gefahren sind, wo es ausgerechnet in diesem Sommer kein einziges Mal regnete.

Wohnmobil

Wir hatten auch schöne Urlaube. Genau zweimal bisher. Wir mieteten ein Wohnmobil. Sechs Schlafplätze. Rundumlaminat in Buchenoptik. Klappschränke und Einbaumöbel. Propanherd. Propankühlschrank. Duschklo und Küche mit Vollkomfort-Verzicht. Alles untergebracht auf ungefähr zwei Quadratmetern. Und genauso teuer wie Sylt. Ich gebe zu, dass ich Angst bekam, als ich unser Gefährt vom Verleiher abholte.

Einen Tag lang räumte ich unser Haus leer und unser Wohnmobil voll. Erstaunlich, was da alles reinging. Dann begann der Urlaub. Er begann mitten in Berlin, als die Großfamilie das Großgefährt bestiegen hatte.

Wir fuhren nach Schweden. Es gab keinen Grund für Schweden. Es hätte auch das Mittelmeer sein können, theoretisch jedenfalls. Praktisch war es so, dass das Wohnmobil sich wie von selbst fortbewegte, und zwar Richtung Norden. Europa lag vor uns wie ein geöffneter Reiseführer, aber das

Wohnmobil bog an der Autobahn nach rechts ab. Es wollte über die Ostsee. Ich schwöre es: Unser Wohnmobil wollte nach Schweden.

Das Fahren war, wie wir alle schnell merkten, äußerst unbequem. Unser großes Fahrzeug war nicht gefedert und kaum motorisiert. Es hatte jede Menge Sitzgelegenheiten, die den Namen eigentlich nicht verdienten. Steillehnige Bänke, auf denen es kein gesunder Mensch länger als fünf Minuten aushält.

Noch bevor wir auf der Autobahn angekommen waren, hörte ich das erste Mal die Frage: »Wann sind wir da?« Ich wurde panisch. Vor meinem inneren Auge lief ein Horrorfilm ab. Ein Wohnmobil ohne Strand, ohne Berge, ohne Fernseher und ohne Pool. Vier Kinder, die sich weigern zu fahren, weil die Sitze unbequem sind. Die sich weigern auszusteigen, weil sie nicht wandern wollen. Zwei Wochen lang eingesperrt sein, zu sechst auf zwei Quadratmetern. Wir würden uns am Ende dieser Reise in Kannibalen verwandelt haben. Das wollte ich unbedingt verhindern.

»Schnallt euch ab, Kinder«, rief ich munter und ignorierte die strengen Blicke und Worte des Familienoberhaupts, das irgendeinen vernünftigen Satz nuschelte, in dem die Worte Verkehrsregeln und Anarchie vorkamen. »Wir suchen uns jetzt den bequemsten Platz!« Wir waren noch nicht raus aus Berlin, da hatten wir den Dreh raus. Am bequemsten war es, im Liegen zu fahren, im Riesenbett über dem Fahrerhäuschen. Streng verboten, natürlich. Aber welcher Polizist kann schon das Innenleben eines rollenden Einfamilienhauses überwachen?

Wir erlebten Schweden aus einer ungewöhnlichen Perspektive, nämlich aus dem Dachfenster. So rauschte von dann an das Land und seine Farben an uns vorbei. Es waren nicht viele Farben, aber die wenigen Farben waren von einer Herz berührenden Leuchtkraft. Schwedens erste Farbe ist Grün. Wegen der Wälder. Die zweite Farbe ist Blau, wegen des Himmels. Die dritte Farbe ist Blaugrün – wie die Seen. Fahren, aus dem Fenster schauen. Fahren, lesen. Wer nicht aus dem Fenster sehen wollte, konnte lesen. Oder Nintendo spielen. Oder Kuscheltiere bespielen. Oder einfach schlafen.

Schweden ist ein schönes Land. Wir sahen viel. Das meiste vergaßen wir wieder. Die rot-weißen Holzhäuschen gefielen uns. Manchmal waren sie auch gelb-weiß oder grün-weiß. Das waren dann immer kleine Höhepunkte. Das eine oder andere Holzhäuschen wünschten wir uns als Ferienhaus oder als Alterssitz. Das machen wir in jedem Urlaub, egal wo. Überall planen wir, eine der einheimischen Immobilien zu erwerben. Auch in Schweden. Doch bald machten wir uns klar, dass keine Immobilie das konnte, was unser Wohnmobil konnte: sich bewegen. Alles ansehen und abends nicht zurückfahren müssen, weil die Halbpension oder das Fernsehprogramm wartete. Immer weiterfahren können, weil man das Hotelzimmer, die Wechselwäsche und sogar ein Wasserklosett dabeihat.

Ab und zu stiegen wir auch aus. Wir waren in Småland und Bullerbü. Wir besuchten das lebensgefährliche Ystad, Hochburg schwedischer Serienmörder. Es war gruselig. Wir besuchten das weltgrößte Ikea. In der Nähe von Stockholm. Vielleicht war es auch Göteborg. Egal. Es sah genauso aus wie Ikea in Tempelhof. Aber wir fühlten uns fast so, als hätte uns Ingvar Kamprad zum Essen eingeladen.

So gingen die Tage ins schwedische Land. Und zwischendurch: Straße. Schnurgerade oder geschlängelt, schmal oder breit. Oft wussten wir nicht genau, wo wir waren, wir, also die Erwachsenen. Wahrscheinlich war es genau der Zustand, den Kinder im Urlaub empfinden. Fortsein, Verlorensein, Nichtwissenwo. Und zugleich Geborgensein, weil die Fremde mit der Familie geteilt wird. Ich will es mal philosophisch versuchen: Wir fuhren durch Zeit und Raum und hatten das Zuhause im Gepäck.

Und immer wieder wurde es Nacht. Und immer wieder war das ein schöner Moment, weil dann unser Fahrzeug zum Nest wurde. Wir hielten einfach an. An Ufern. An Waldrändern. Mitten im Wald. Unter uns, am Boden des Waldes, Blaubeerteppiche. Preiselbeergesprenkelt. Wir kochten unser Abendessen auf Propan. Propan betrieb wundersamerweise auch den Kühlschrank. Wir aßen Nudeln und Lachs. Die Kinder suchten, solange das Tageslicht reichte, Muscheln für die Souvenirsammlung. Oder Blaubeeren für den Nachtisch oder Preiselbeeren zum Wiederwegschmeißen. Die Nächte waren klar. Frei von Mücken und Regenwolken. Mit beidem hatten wir gerechnet, sehr fest. In drei Nächten passierte etwas Seltsames: Es regnete. Es regnete atemberaubend stark. Der Regen rauschte und hämmerte aufs Blechdach. Nur wenige Zentimeter über unseren Köpfen stieg die Wassersäule. Und wir lagen hier, unter dem Dach des Wohnmobils, wach und trocken und lauschend. Das Dachfenster gekippt für die frische Luft, schweigend, denn der Regen verschluckte jedes Geräusch. Wir waren Reisende, unbehaust und doch behütet. Morgen würden wir weiterfahren, bei Sonnenschein. Zum nächsten Waldrand. Und dann, irgendwann, zurück nach Berlin.

Ich bin ziemlich sicher, dass ich nach diesem Urlaub besser aussah. Jedenfalls schlief ich nicht auf dem Schreibtisch ein. Wäre es nach mir gegangen, hätte ich bis ans Lebensende Urlaub im Wohnmobil gemacht.

Doch die Kinder. Schon im zweiten Jahr begannen sie zu quengeln und die schlimmen Sätze zu sprechen: »Wann sind wir da?«, »Wann fahren wir wieder nach Hause?«. Und gegen Ende der zweiten Schwedenreise fiel der schlimmste aller Sätze: »Mir ist langweilig.« Da begriff ich, dass wir einen dritten Schwedenurlaub nicht demokratisch legitimiert bekommen würden.

Bald steht wieder ein Sommer vor der Tür, und ich war schon kurz davor, im Angesicht der Urlaubsplanung panisch zu werden. Da hörte ich zwei Wörter, die fremd und verheißungsvoll zugleich klangen. Es waren die Wörter »All inclusive«.

EIN NACHWORT
DER WAHREN HAUSHERRIN

Warum Katzen die tollsten Mitbewohner sind

Ich bin eine Hauskatze. Ich bin eine Hauskatze, weil ich ein Haus besitze. Ja, ich bin stolz darauf, dass ich ein Haus mein Eigen nennen darf. Wenn ich gelegentlich unter freiem Himmel spazieren gehe, sehe ich an entfernten Verwandten, dass man es auch schlechter erwischen kann. Es ist wirklich nicht jeder Katze das Glück beschieden, als Hauskatze geboren zu werden.

Andere Katzen haben nur eine Wohnung. Ich sehe sie am Fenster sitzen, wenn ich morgens meine Runde drehe. Man könnte es auch joggen nennen. Ich finde das Wort »Rundendrehen« passender. Langsame Bewegungen durchs Grüne, Augen auf, um nichts Neues zu verpassen. An den Fenstern sitzen die Wohnungskatzen und schauen mir nach. Ich spüre ihren Blick im Fell und versuche, eine gute Figur zu machen. Nicht hochmütig wegschauen, nicht neugierig hinsehen. Lässig und gut aussehen, darauf kommt es an. Die Wohnungskatzen sehen ungesund aus und traurig. Und natürlich neidisch. Weil sie sehen, dass vor ihrem Fenster eine lässige, gut aussehende, glückliche Hauskatze ihre Runden dreht.

Noch schlimmer ist das Schicksal der anderen Fremdlinge, der Obdachlosen. Sie sind gesünder als die Wohnungskatzen, robust und stark und schnell. Aber, mein Gott, so ungepflegt, so schmutzig. Sie leben in Kellern und unter Büschen, und mit dem Benehmen hapert es. Sie tun mir leid, aber ein bisschen, finde ich, sind sie ja auch selbst schuld an ihrer Lage. Sie fressen aus Mülltonnen. Ein Anblick ist das … Neinneinnein, das geht über meine Kräfte.

Trotzdem würde ich ihnen gern helfen. Man hat auch eine soziale Verantwortung. Ein Straßenexemplar nahm ich mal mit in mein Haus, als ich allein war. Es war sehr still im Haus und geheimnisvoll. Und ich wusste, dass ich etwas Schönes und Verbotenes zugleich tat.

Er war wild, aber auch … wie soll ich sagen … ein Prachtkerl. Ich gab ihm zu essen, ich leckte sein Fell, er leckte meins. Obwohl es wirklich sehr sauber war. Ich ließ ihn gewähren nach seinem Belieben. Er war so stark und stattlich.

Habe ich erwähnt, dass ich das Haus teilen muss? Meine Mitbewohner sind freundlich und gut. Aber wenn ich ehrlich bin, verstehe ich sie nicht. Sie sind egoistisch und sehen nicht ein, dass ich die Hausherrin bin. Man redet manchmal gegen die Wand. Nicht Trockenfutter! Feuchtfutter ist gesünder! Ich mag nicht aus dem Wassernapf trinken, ich vertrage Wasser nur, wenn ich es direkt aus dem Hahn schlabbern darf. Man bittet und bettelt. Aber nein, sie lassen mich nicht. Oder jedenfalls nicht immer, nicht oft genug. Aber was soll ich tun? Soll ich sie rausschmeißen? Nein, man schmeißt seine Familie nicht raus. Ich liebe sie. Ich muss mit ihnen auskommen. Aber sie gehen mir auch auf die Nerven.

Mit dem Haus bin ich zufrieden. Okay, es könnte größer sein, damit man auch mal die Tür hinter sich zumachen kann. Denn, mal ehrlich, jeder in diesem Haus hat sein Zimmer. Jeder hat sein Reich. Aber ich? Mir gehört alles – und nichts zugleich. Es ist ein hartes Schicksal. Das Schicksal einer Hauskatze eben. Doch ich tröste mich. Meine Familie ist anders als ich. Sie sind oft weg. Ich habe den Verdacht, dass sie eher Straßenkatzen sind. Jedenfalls keine echten Hauskatzen wie ich. Morgens und abends und am Wochenende – öfter sehe ich sie nicht.

Darum ist mein Haus, bei allen auf der Pfote liegenden Nachteilen, auch wieder gut genug, und ich habe meine zufriedenen Momente.

Es war auch wirklich nicht schwer, es zu finden. Eines Tages wurde ich hergebracht, um es mir anzusehen. Ich war wirklich nicht unkritisch, ehe ich einen Umzug in Erwägung zog. Ich weiß, worauf zu achten ist, wenn man Immobilien besichtigt. Zuerst natürlich auf den Futterplatz. Er darf nicht zu weit weg sein vom Mittelpunkt des Hauses, aber auch nicht zu dicht dran. Er muss ruhig sein und doch übersichtlich. Und natürlich sauber. Um diese letzte Frage gibt es mit meinen Mitbewohnern leider öfter Meinungsverschiedenheiten. Sie sind nicht so reinlich wie ich. Ich will nicht wieder den Vergleich mit den Straßenkatzen anführen. Wirklich nicht. So unfair bin ich nicht.

Und ich will nicht klagen. Immerhin achten sie beim Füttern auf Qualität, Geschmack und Abwechslung. Lehne ich eine Speise ab, sorgen sie für Alternativen. Leider immer die Trockenfuttervarianten. Nur äußerst selten bekomme ich, was ich wirklich mag, dieses herrlich aromatische Beutelfutter, bei dem sie sich dann die Nase zuhalten beim Servieren. Eigentlich empörend. Aber was soll's. Man kann seine Freunde aussuchen, aber die Familie nicht.

Ich habe auch nach langem Beharren durchsetzten können, das Wasser nur direkt aus dem Wasserhahn zu trinken und nicht aus ihren Schalen. Sie haben sich lange geweigert, das zu akzeptieren, haben es mit immer neuen Gefäßen mit lächerlichen Katzenbildchen und sogar mit der Beimischung von Kuhmilch versucht. Ich lasse mich aber nicht gern betrügen.

Zurück zu meinem Haus. Als ich den idealen Futterplatz ausgemacht hatte, besichtigte ich weiter: Ich suchte nach den gemütlichen Ecken. Ich schlafe 20 Stunden am Tag, da sind die gemütlichen Ecken das Allerallerwichtigste. Ich schlafe natürlich nicht am Stück wie meine Mitbewohner. Ich bevorzuge kleine Einheiten von circa. zwei bis drei Stunden und nehme zwischendurch auch gern mal einen Fünfminüter mit. Und ich schlafe nicht immerzu an der gleichen Stelle wie meine Mitbewohner, sondern wechsle gern. Mal hier, mal da. Mein Schlaf ist mir wichtig, ich möchte hier keine Kompromisse eingehen müssen, darum durchsuchte ich die Immobilie akribisch: Ich suchte 1. ruhige, warme, trockene, weiche Plätze und 2. warme, trockene, ruhige Plätze, die ein wenig hoch gelagert sind. Ich sah: Es gab Sofas, Stühle, Betten, Vorhänge und Teppiche für Sorte 1 sowie Küchenarbeitsplatten, Fensterbänke, Schreib- und Esstische und im Bad sogar eine beheizte Liege für Sorte 2. Außerdem einen Holzkasten, den sie Sauna nennen. Herrlich ist es dort. Ich bin die Einzige, die die Sauna zum Entspannen nutzt. Sie gebrauchen sie eigentlich eher als Gerümpelkammer. Das ist in Grenzen okay. Meine Mitbewohner stellen hier leere oder halb volle Kartons, Taschen oder Tüten hinein, damit ich darin probeschlafen kann.

Was mich aber von dieser Immobilie überzeugte, waren die Sonderausstattungen. Im Dachgeschoss gab es eine überdachte Terrasse. Hier war es abends noch sonnig und zudem immer trocken und windgeschützt. Hier würde ich die Spätsommerabende verbringen. Als ich die Terrasse sah, sah ich mich schon auf ihr liegen, und die Abendsonne schien mir aufs Fell. Leider kam es anders. Meine große Mitbewohnerin beansprucht den Platz, wann immer es draußen schön ist. Sie liegt genau an der Stelle, die ich für mich ausgesucht hatte. Und wo sie ist, sind auch die kleinen Mitbewohner nicht fern. Ich weiß nicht, wer mehr unter ihnen zu leiden hat, die Große oder ich. Sie hängen der Großen genauso am Rockzipfel, wie sie mir im Fell hängen. Immerhin tragen sie mich. Das ist nicht schön. Aber schlimmer ist wiederum die Große dran. Sie muss sie tragen.

Aber ein Ausstattungsmerkmal dieser Immobilie hatte es mir besonders angetan: Im warmen Keller gab es einen Holzstapel. Dieser Holzstapel zog mich sofort in seinen Bann. Ich weiß gar nicht, warum, denn eigentlich war er weder weich noch sauber. Es war … ja, es war sein Duft. Es ist mir fast ein wenig unangenehm, wenn ich so emotional werde, aber dieser Holzstapel ließ so etwas wie eine Erinnerung in mir wach werden, eine Erinnerung an Wald und Wildnis. Ich muss betonen, dass ich weder Wald noch Wildnis je gesehen habe, denn mein Haus liegt in einer Stadt. Ich bin außerdem schon als Tochter einer Hauskatze geboren worden, denn auch meine Mutter besaß eine Immobilie in der Stadt. Als ich diesen Holzstapel das erste Mal erklomm, um mich nach drei Eigenkörperumdrehungen niederzulegen, da drückte es zwar etwas am Bauch, aber ich schlief augenblicklich ein. Es war etwas Magisches an diesem Holzstapel.

Ich möchte noch einmal kurz auf den stattlichen, obdachlosen Kater zurückkommen, dem ich Unterkunft anbot. Ich habe ihn hierhergeführt, zu meinem Holzstapel. Ich wollte es so natürlich wie möglich. Ohne die ganzen Zivilisationszwän-

ge. Es war die richtige Entscheidung. Unvergessene, fast …
ja … animalische Momente.

Als ich das Haus nahm, ahnte ich diese Entwicklungen noch
nicht. Aber ich hatte den richtigen Riecher. Es war eine echte
Bauchentscheidung, aber es war eine gute Entscheidung.

Ich will nur kurz noch etwas über meine Mitbewohner sagen. Die Sache mit der Dachterrasse nehme ich ihnen übel.
Außerdem sitzen sie immerzu im Garten herum, was mir auch
nicht gefallen kann, weil sie mir damit die Vögel scheu machen. Wenn ich die Sache richtig beurteile, wird es im kom-
menden Jahr kaum noch Nester für mich geben.

Und dann dieser Undank. Die seltener werdende Beute,
Mäuse, Jungvögel, lege ich vor ihre Tür, denn fressen, mit Ver-
laub, kann ich das Wild nicht. Ich töte, um zu verschenken,
es ist reine Höflichkeit. Aber Dank? Nein, das fällt ihnen nicht
ein. Gleichgültigkeit, Zorn, manchmal schrilles Geschrei ist
das Einzige, was ich zurückbekomme.

Neulich brachte ich ein Eichhörnchen, es war noch warm,
als ich es hergab, und ich war sicher, dass sie nun endlich etwas Respekt für meine Mühe zeigen würden. Aber was passierte? Sie schlugen mich. Ja. Es ist peinlich und verletzend.
Ich war sehr gekränkt. Dachte an Auszug. Etwas später ent-
schuldigten sie sich. Mit einem Beutel Feuchtfutter. Köstlich.
Ich werde ihnen bald wieder ein Eichhörnchen bringen.

Auch bei meinem Holzstapel überschreiten sie die Grenzen
des Respekts. Wenn es draußen kalt ist und ich hier liege und
schlafe und von Wald und Wildnis träume, kommen sie und
stehlen Holz und schleppen es an ihren Feuerplatz und setzen sich davor. Ich setze mich dann, weil ich sowieso schon
wach bin, dazu und gebe ihnen die Gelegenheit, sich bei mir
zu entschuldigen. Sie dürfen dann, obwohl ich sie nicht sehr

reinlich finde, mein Fell streicheln. Das ist angenehm, und ich verzeihe ihnen den Holzdiebstahl und schaue ins Feuer und schnurre. Und träume von dem stattlichen Kater von der Straße.

DANKSAGUNG

Ich bedanke mich nicht gern.

Dann ist mir aufgefallen, dass ich bei allen Büchern, die ich in die Hand nehme, zuerst die Danksagungen lese. Ich lese sie gründlich. Ich will nicht nur Namen lesen, sondern Gründe. Auch von den schlechtesten Büchern kenne ich die letzte Seite, denn die ist fast immer für den Dank reserviert. Ist keine Danksagung da, bin ich empört. Der Leser hat Anspruch darauf zu wissen, wem der Autor dankt und wem nicht.

Ich danke Joachim Bessing, obwohl ich nicht weiß, wohin er verschwunden ist. Ich danke ihm, denn ohne ihn würde ich wahrscheinlich noch immer Onlineartikel passend machen.

Ich danke Britta Stuff, meiner Freundin und Kollegin. Fürs Mitlesen, fürs Neinsagen.

Ich danke Judith Luig, meiner Kollegin und Freundin. Für ihre wertvolle Expertise in Sachen Breitbeiner.

Ich danke Rainer, dem einzigen mir bekannten Mann, der über sich selbst lachen kann, ohne an Größe zu verlieren, der anerkennen kann, ohne sich klein zu machen, und der nie die Geduld mit mir verliert, obwohl ich sie so oft mit ihm verliere.

Ich danke meinen Kindern dafür, dass sie bei mir sind, mich für sich sorgen und sich von mir lieben lassen.

Ich danke Andrea Kunstmann, meiner Lektorin, und Petra Eggers, meiner Agentin, fürs Ermuntern, fürs Jasagen.

Außerdem danke ich allen meinen Freundinnen, die mit

ihren Macken und Meisen für mein Buch Modell standen. Ich danke euch dafür, dass ihr mir in fast jeder Lebenslage das Gefühl gebt, mit meinen Macken und Meisen in diesem Leben nicht allein zu sein.

Besuchen Sie
den Heyne Verlag
im Social Web

 **Facebook**
www.heyne.de/facebook

 **Twitter**
www.heyne.de/twitter

 **Google+**
www.heyne.de/google+

 **YouTube**
www.heyne.de/youtube